Corporate
Social
Responsibility

ヨーロッパのCSRと日本のCSR

何が違い、何を学ぶのか。

藤井敏彦[著]

日科技連出版社

まえがき

　本書の主要部分は欧州連合の諸機関が置かれているヨーロッパの「首都」、ベルギーのブラッセルのオフィスで構想、執筆した。ブラッセルでの4年間の仕事を通じ私は欧州連合の政策決定におそらく日本人としては前例がない形で深く関与した。ヨーロッパ産業界の内部、産業界と市民団体、産業界と政府の間の協力、駆け引き、衝突の現場に当事者として立ち会った。あらゆる瞬間がダイナミックで、知的で、政策の方向づけに直結していた。

　CSRには比較的早くから注目していたが、当初は国内で講演をしても反応は鈍かった。一転してCSRブームである。日本の突如の潮の変化に驚かされたが、それ以上にブームの内容に当惑した。わけは本書を読み進めていただければおわかりいただけると思う。

　しかし、日欧の狭間で感じた違和感は私の大切な財産だ。日本の企業経営や社会について得がたい視座を与えてくれた。CSRというレンズを通すことで見えてくる企業と社会の一面がある。国内では不遇をかこっていた「日本的経営」にスポットライトが当たることになったが、他方で国際的な視点は欠落した。中国への工場進出が急速に進んでいるが、児童労働問題に関するヨーロッパ産業界と日本の産業界の関心の差は対照的だ。ブラッセルでは多くの視察団や取材をお受けしたが、異口同音に「CSRはヨーロッパの保護主義か」と聞かれることを興味深く感じた(現地関係者に同じ質問は避けたほうがよいと助言するようにしていたが)。様々なものが見えてくる気がした。

　もちろん、ヨーロッパの長所も短所も同様にとらえやすくなる。欧州連合(EU)というヨーロッパの存在の仕方は複雑でなかなか理解しづらいが、環境規制やCSRの実際に即して観察してみれば、思いのほか簡単に頭に入る。有言不実行のヨーロッパを肌身で感じたのもロビイストとしての仕事の御陰だろう。ヨーロッパは高邁であるが鷹揚(言葉を選ばなければ「いい加減」とも言い換え可能)だ。鷹揚だから高邁になれると言うほうが正確かもしれない。一方、彼の地で日本の緻密さに改めて感心し、自分も含め口下手の程度には閉口した。

まえがき

　本書は学術的な分析を旨としたものではない。経営の手引書でもない。したがって、研究書的客観性には欠け、手引書のような実用性も備えていない。しかし、類書にない内容と特徴を備えているのではないかと思う。欧州連合がCSRを産み落とす過程の目撃者として、透徹したCSR論となるよう意を砕いた。

　第1章ではヨーロッパのCSRへのアプローチを扱い、第2章では日本、アメリカのCSRとの相違点を示した。第3章はヨーロッパのCSRを誰がリードしているのかという疑問に答えている。第4章はCSRの必然性を社会構造の変化に着目しながら解説した。第5章はヨーロッパの環境規制を扱っている。規制の細部よりも、具体例を通じてEUの政策決定過程と環境問題に対するアプローチが浮かび上がるよう工夫した。第6章、第7章はそれぞれ日本企業、日本社会のCSRを論じている。第6章ではCSRが日本の経営が無意識においてきた前提の再考を求めていることを明らかにし、競争力に結びつける方策を探った。CSRの導入手順と模範事例を中心に据える経営書とは異なる接近方法である。結章である第7章では日本社会が持続的に発展するための課題を出発点として各ステークホルダーの役割を考察している。さらに結論として「人を育てるCSR」を提唱している。

　本書の最大の目的は、CSRを通じて我々の社会と企業を考える材料を提供することにある。私は日本のCSRの将来に楽観的だ。多方面からの建設的な批判と幅広い議論がCSRを前進させると考えている。本書は一つのささやかな試みの例である。

　もっとも、一人の人間の限られた経験と思考の産物である。欠落している部分や不十分な論点があることは言うまでもなく、筆者の意図の成否は読者の判断を待つしかない。意見を異にする読者も少なからずおられるにちがいない。見解の多様性は社会の健全性の証左であるとご海容いただければ幸いである。なお、本書で述べた意見は筆者個人のものであり、筆者が所属する組織とは無関係であることをお断りする。

　この場を借りて草稿に目をとおし貴重なコメントを寄せてくれた多くの友人、同僚に感謝の意を表したい。とりわけヨーロッパ各地及び日本のビジネス、政

まえがき

策の第一線から提供された最新情報には大いに助けられた。また、執筆に集中することを許してくれた家族にも感謝したい。週末もアローン通りのオフィスに篭ることが度々であった。

　最後に、本書をNECブラッセル事務所長、在欧日系ビジネス協議会(JBCE)環境委員会委員長として日欧の架け橋となり大活躍されながら病魔に倒られた故杉山隆氏に捧げたい。杉山さんは私の師であり、同志であった。二人で欧州議員の部屋を一つ一つノックして日本産業の考えを懸命に説明して回った日々こそが本書の基礎である。杉山さんが実現した合理性のある環境保護政策は今やアメリカ、中国をはじめ世界中の政府が参考にし、世界中の産業界、そして自然環境が恩恵に浴している。出版企画を報告すると、杉山さんは病床で我がことのように喜び、激励してくださった。完成した本を見ていただけなかったのが誠に心残りである。

2005年9月

藤　井　敏　彦

◎目次

まえがき ……………………………………………………………………………… 1
プロローグ ………………………………………………………………………… 11

第1章　ヨーロッパの提案するCSRとはなにか ………………………… 13
1.1　社会問題に軸を置くヨーロッパのCSR………15
- 環境報告書中心の日本企業
- 日本が世界トップの環境ISO規格認証取得数
- マルチステークホルダー・フォーラムのCSRの定義
- 社会問題に軸を置くヨーロッパ

1.2　ヨーロッパが提言する持続可能な発展………21
- ヨーロッパの問題提起
- ヨーロッパの深刻な失業問題
- CSRで問われる人材問題

1.3　個人情報保護の背景にあるヨーロッパの経験………28

1.4　CSRの柱となった途上国の人権・労働問題………30
- CSRに合流した反グローバリズム
- CSRで問われる途上国の労働問題
- ヨーロッパの提案するCSRをどう受け止めるか

第2章　ヨーロッパのCSRは日米のCSRとどこがちがうのか ………… 37
2.1　業務への統合と自主性を訴えるヨーロッパのCSR………39
- マルチステークホルダー・フォーラムのCSRの定義
- CSRは法的要請を上回るもの
- CSRとは、社会面及び環境面の考慮を「業務に統合する」こと

2.2　アメリカのCSRとのちがい………41
- 衝突するヨーロッパとアメリカの価値観
- フィランソロピー×地域社会がアメリカのCSR
- アメリカのCSRの特徴

目次

2.3 日本のCSRとのちがい………45
- 法令遵守が中心の日本
- アメリカ型CSRを輸入した日本
- 環境＋社会貢献＋法令遵守の日本のCSR

2.4 CSRを進めるためのヨーロッパのアイデア………51
- マルチステークホルダー・フォーラム最終報告のポイント
- 既存の原則、基準及び協定の再確認
- CSRの促進要因、障害、成功のために必要な要因の分析
- 将来のイニシアティブと勧告
- CSRの背後にある世界、社会、企業観の変化

第3章　ヨーロッパのCSRは誰が牽引しているのか ………59

3.1 エリート主義を選択したヨーロッパ………62
3.2 積極的役割を演じる政府………63
- 欧州委員会及び各国政府の役割
- NGO寄りの姿勢を鮮明にする欧州議会

3.3 大企業がリードする産業界………65
3.4 政策エキスパートのNGO………68
- 政府から資金支援を受けるNGO
- NGOを必要とする欧州委員会
- NGOの多層構造

3.5 CSRはヨーロッパの陰謀か？………73
- 根強いヨーロッパ陰謀説
- 強い環境、雇用社会総局
- ISO規格化へのヨーロッパ産業界の対応
- 産業の視点に偏る日本のヨーロッパ観

3.6 理念としてのCSR………78

第4章　CSRの本質はなにか ………81

4.1 政府の役割の限界………83

4.2 判断と実行の難しさ………84
- 主体的判断を迫られる企業
- 自己規律を実行にうつす難しさ

4.3 政府の代役としてのグローバル企業………88
- グローバル企業に求められる公共的役割
- 政策的役割を与えられたサプライチェーン
- 政府の民主的正統性の判断を求められるグローバル企業

4.4 国際社会から学ぶ………91
- 重要性を増す国際社会とのパートナーシップ
- 2002年ヨハネスブルグ・サミット
- 国連グローバル・コンパクト
- OECD多国籍企業ガイドライン

4.5 「自社」の範囲を問うCSR………97
- 会社の「自己」はどこで終わるのか
- GRIは会社の「境界」をどう設けたか
- GRIのバウンダリー設定手順
- CSRの本当の難しさを受け止める

第5章　ヨーロッパの新しい環境戦略 …… 105

5.1 環境規制を生み出すEUの行政メカニズム………107
- 超国家組織EUの構造
- EUの法案成立過程

5.2 EU環境安全規制の特徴と枠組み………113
- 世界一厳しい規制を生み出す予防原則とリスク管理
- 第6次環境行動計画
- ヨーロッパ規制の影響をグローバルにした統合製品政策

5.3 リサイクル及び有害物質使用制限規制………116
- WEEE指令及びRoHS指令の特徴
- ヨーロッパ産業界の反応とJBCEの成功

5.4 世界一厳しいリサイクル規制WEEE指令の概要………119
- 対象機器

目　次

- ・分別回収・処理
- ・再生（Recovery）
- ・一般家庭からの廃電気電子機器の費用負担

5.5 世界中の電子機器に影響を与える RoHS 指令の概要………122
- ・対象機器
- ・使用が制限される物質

5.6 政策を 180 度転換した新化学物質規制案………123
- ・化学物質規制見直しの経緯
- ・「既存化学物質」の問題

5.7 REACH の革新性と歪み………125
- ・リスク評価結果の共有問題
- ・REACH がもたらす通商問題
- ・成形品中の物質の登録・通知義務の概要

5.8 ヨーロッパ産業界の反応………128
- ・ヨーロッパ化学産業のロビー戦略の修正とポリマーの取扱い
- ・ヨーロッパ環境規制と CSR

第 6 章　競争力を向上させる CSR　131

6.1 CSR を通じた人材力の向上………134
- ・終身雇用制度と CSR
- ・CSR を通じた新しい人材政策の構築

6.2 CSR を通じたコーポレートブランドの強化………139
- ・CSR への取組みと消費者の評価
- ・日本の消費者が求める CSR
- ・多すぎる CSR 情報
- ・コーポレートブランドに活かす CSR
- ・組織文化への統合は CSR の条件
- ・実践のための CSR・QC サークルのすすめ

6.3 CSR を通じたグローバル経営の強化………150
- ・日本企業のグローバル化の段階
- ・環境対応で日本企業が先行するわけ

- ・グローバル展開の次のステップとしてのCSR
- ・グローバルに整合する方針の重要性
- ・CSRが見直しを迫る世界本社の役割

6.4　CSRと新しいサプライチェーン・マネジメント……158
- ・在庫管理からCSRへと変化するサプライチェーン・マネジメント
- ・サプライチェーン情報システムの構築
- ・サプライチェーンの組み直し
- ・個人情報に関する情報チェーンの見直し
- ・競争力につながるCSR

第7章　日本はいまCSRでなにをすべきか……169

7.1　持続的発展のために解決しなければならない問題………171
- ・現代日本が求めるCSRの項目
- ・世界的構造変化が求めるCSRの項目
- ・求められる経営者の新しいCSR観

7.2　ステークホルダーとしてのNGOを育てる………177
- ・NGOを探す企業
- ・国際政治の表舞台に登場したNGO
- ・アドボカシィ型NGOとコミュニティ支援NGO
- ・アドボカシィ活動の事例
- ・ステークホルダーとしてのNGOに求められるもの
- ・政策人材市場の形成

7.3　SRIに期待されるCSRの役割………185
- ・影響力があるSRIファンド
- ・世界のSRIの現状
- ・CSRではないSRIの起源
- ・2極分化していくSRIファンド
- ・SRIファンドの「評価の評価」

7.4　ISO規格のCSRへの意味………196
- ・日本ではISOがCSRの火付け役
- ・ISO/CSR規格のツールとしての有用性の見極め

7.5　中小企業とCSR………198

目　次

　　　・CSR に取り組みやすい中小企業
　　　・EU の中小企業への呼びかけ
　　　・日本の中小企業に CSR を訴える方策
　7.6　政府の役割………202
　　　・CSR を呼びかける
　　　・CSR 環境の整備への支援
　　　・CSR の中心を明確にする
　7.7　日本は何をなすべきか………204
　　　・ヨーロッパ社会の変化を追体験する日本
　　　・ヨーロッパの CSR からヒントを得る
　　　・視野を世界に拡げる
　　　・環境問題を総点検する
　　　・経営を再考する
　7.8　「日本の CSR」………209
　　　・持続可能ではない日本の発展
　　　・人を育てる CSR

参考文献 …………………………………………………………………… 213
さくいん …………………………………………………………………… 217

プロローグ

　CSR(Corporate Social Responsibility、企業の社会的責任)に関心が高まっている。しかしCSRと聞いて持つイメージは人それぞれだ。法令遵守や企業倫理を頭に描く人もいる。環境対策だと考える向きも多いだろう。途上国の労働問題だと考える人も少数だがいる。

　同時に、SRI(Socially Responsible Investment、社会的責任投資)、ISO規格、ステークホルダー経営、リスク管理などCSRには様々な側面がある。SRIが鍵だとする人もいれば、将来のISO規格への対応こそ中心的課題だとの見方もある。スキャンダル防止のリスク管理だと割り切ることも可能である。

　CSRという言葉はごく普通に使われているが、実は何を指し示すのかはっきりしない。ふわふわした存在だ。ある新聞がプロ野球改革を論じ「これからはプロ野球もCSRを意識しなければいけない」、との趣旨で締めくくった。果たして、プロ野球の「CSR」とは何であろう。

　私は2000年から2004年まで、ベルギーのブラッセルにあるJBCE[1] (Japan Business Council in Europe、在欧日系ビジネス協議会)の初代の専任事務局長を務めた。JBCEは電気電子、自動車、化学、物流、タバコなど様々な業種の50を超える日系企業で構成されている。ヨーロッパで事業を展開する日系企業の情報収集や政策当局に対する働きかけの拠点である。環境規制、通商政策をはじめ広範なヨーロッパの政策に日系企業の意見を反映させることに成功してきた。私は幸運にもJBCEの代表としてヨーロッパの政策決定に参加し、同時にヨーロッパの政策が日本企業に与える影響もつぶさに見ることができた。CSRもその一つである。

　2001年、CSRは日本ではまだ広く知られていなかったが、ヨーロッパでは大きなうねりとなっていた。NGOや調査機関から続々と質問状が企業に届き、EU(European Union、欧州連合)の行政執行機関に当たる欧州委員会

---

1) JBCEホームページ参照　http://www.jbce.org/

プロローグ

(European Commission)は既に CSR 政策の検討を開始していた。

　ヨーロッパ 25 カ国(2005 年 8 月時点、図表 1 参照のこと)で構成される EU の本部が置かれる「首都」ブラッセルにはヨーロッパ企業はもとより多くのアメリカ企業も事務所を構え EU ウォッチャー、ロビイストを擁している。彼らもヨーロピアン・マルチステークホルダー・フォーラム(European Multistakeholder Forum on CSR、以下「マルチステークホルダー・フォーラム」)の設置を契機に本社から CSR の問い合わせが急に増えたと語っていた。折しも、EU は世界中の産業界に大きな影響を与える環境規制を矢継ぎ早に発表しており、アメリカ産業界は社会政策の新機軸である CSR も強く警戒した。

　CSR という言葉にどのようなイメージを持とうと、一つ確かなことは、CSR が社会の要請であることだ。CSR を育んだヨーロッパ社会は CSR に何を託したのだろうか。ヨーロッパの産業界は社会の要請をどうとらえているのだろう。日本からは見えない部分も少なくない。CSR を言葉遊びに終わらせず、地に足をつけて実践するために原点に戻って考えてみよう。ヨーロッパを足がかりに、日本企業の CSR、そして日本社会にとっての CSR を考えていきたい。

図表 1　EU 加盟国と地図

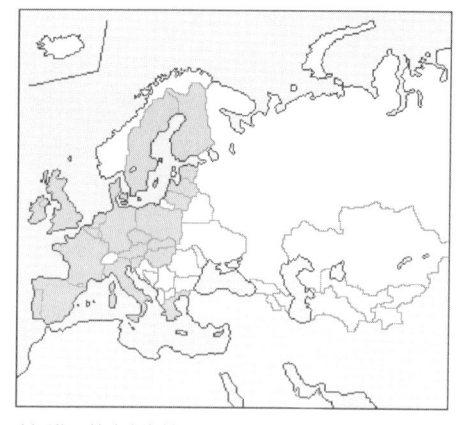

現加盟国（25 カ国）

オーストリア	ラトビア
ベルギー	リトアニア
キプロス	ルクセンブルク
チェコ	マルタ
デンマーク	ポーランド
エストニア	ポルトガル
ドイツ	スロバキア
ギリシャ	スロベニア
フィンランド	スペイン
フランス	スウェーデン
ハンガリー	オランダ
アイルランド	英国
イタリア	

（出所）　外務省資料

第1章

ヨーロッパの提案する CSRとはなにか

マルチステークホルダー・フォーラムの議論が 2004 年 6 月に完結し、ヨーロッパの CSR の姿をはっきりととらえることができるようになった。日本企業の関心は環境問題が中心だが、ヨーロッパの CSR は広範な社会、人権問題を対象とする。発展途上国の人権問題や、従業員の教育訓練の問題などは、日本ではあまり取り上げられない。しかし、ヨーロッパでは CSR の重要な柱である。背景にあるのは、深刻な失業などヨーロッパ社会が抱える問題だ。

1.1 社会問題に軸を置くヨーロッパの CSR

■環境報告書中心の日本企業

　ヨーロッパの CSR 関係者と面談を重ねる中で頻繁に問われる質問が一つあった。「日本企業は環境問題に強い関心を寄せる一方でなぜ社会問題には無関心なのか。」、「日本企業の CSR 報告書を探しているのだが、数社しかみつからない。環境報告書ばかりではないか。」図表 1 － 1 に見るように日本における環境報告数は急増していたが、2001 年当時社会問題への取組みを報告する企業はほとんど見られなかった。

　ここ数年日本でも CSR が語られる機会が増え、多くの企業の環境報告書が CSR 報告書に衣替えしている。新日本監査法人の調べによれば、調査対象 188 社のうち、2002 年度に環境報告書を出した企業が 150 社、環境・社会報告書、サステナビリティ報告書、CSR 報告書といった社会面を含む名称の報告書を出した企業は 11 社であった。しかし、2004 年度には環境報告書が 86 社、環境・社会報告書が 57 社、サステナビリティ報告書が 10 社、CSR 報告書が 17 社と大きく変化している（図表 1 － 2 参照のこと）。内容面を見ても 2004 年度において環境、社会、経済のトリプルボトムラインの成果報告について記載をしている企業は 64％と前年から大幅に増えている（図表 1 － 3 参照のこと）。

第 1 章　ヨーロッパの提案する CSR とはなにか

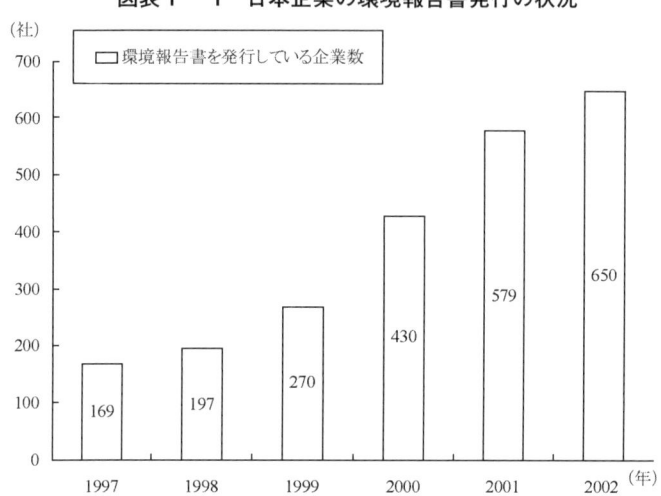

図表 1 − 1　日本企業の環境報告書発行の状況

（出所）　足立英一郎（2003）「経営革新入門　投資家に対する IR 活動とは」『週刊東洋経済』2003 年 11 月 8 日号
（原出所）　環境省「環境にやさしい企業行動調査」各年版
（出所）　経済産業省平成 16 年版通商白書

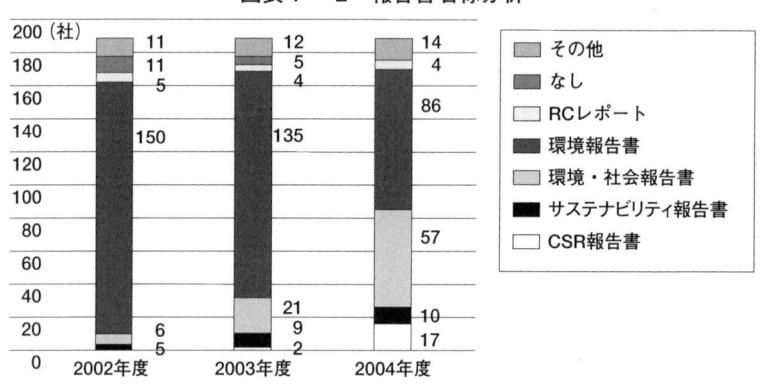

図表 1 − 2　報告書名称分析

（出所）　新日本監査法人「CSR はどのように報告されているか　2004 年度版事例集」2005 年

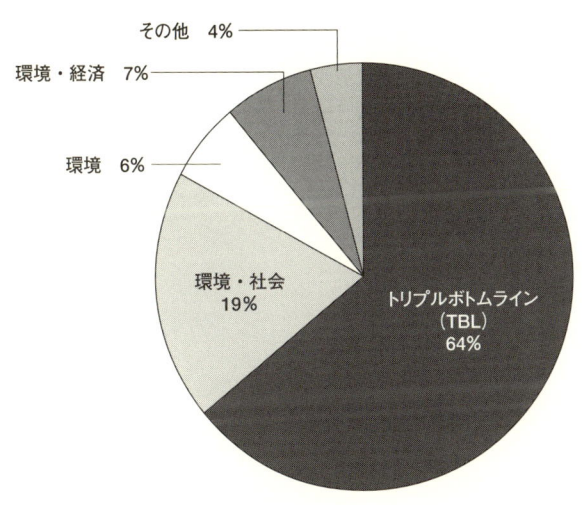

図表1−3　トリプルボトムライン

（出所）新日本監査法人「CSRはどのように報告されているか　2004年度版事例集」2005年

■日本が世界トップの環境 ISO 規格認証取得数

しかし、海外の関係者の目には環境と社会問題に対する日本企業の関心の差は依然として不可解なものと映るようである。日本は環境経営のシステム規格である ISO[2] 14001 の最大のユーザーだ。図表1−4のように2003年末時点での認証取得件数は第二位のイギリスの2倍以上と他国を大きく上回っている。また、図表1−5にあるとおり、その後も日本企業の認証取得件数は伸び続け2005年2月時点で1万7千件を超えている。

一方で2004年6月に開催された ISO での CSR 規格策定の是非を決定するためのステークホルダー（産業界、労働団体、消費者、NGO、政府）会議において反対をしたのは日本の産業代表のみであった。もとより日本の産業代表は規格化に反対したのであり CSR に異議をとなえたのではない。しかし、環境

2）　ISO（International Organization for Standardization、国際標準化機構）

図表1－4　ISO14001 認証取得の上位10 カ国（2003 年末）

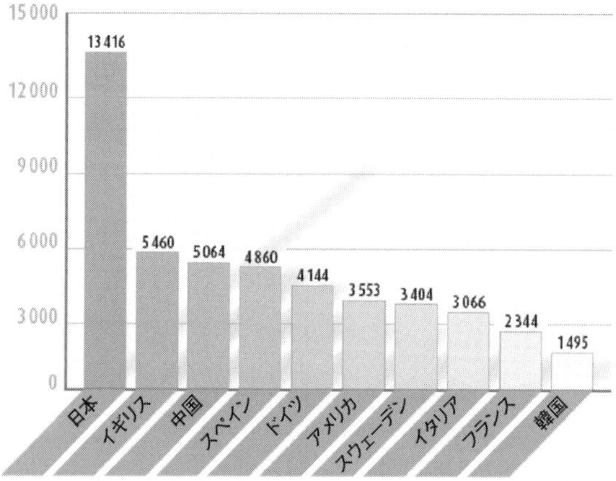

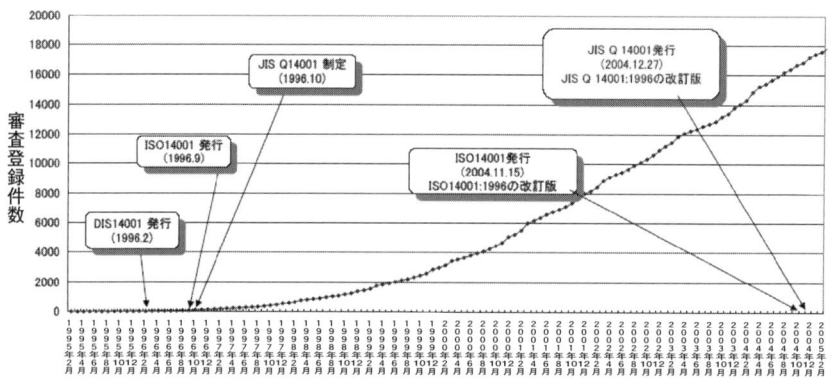

(出所) ISO資料

図表1－5　ISO14001 審査登録件数推移

(出所) 日本規格協会資料

　経営規格を競うように取得する日本が孤立をおしてまでCSR規格に反対を貫いた事実はそれだけでメッセージを帯びる。
　ISOでの出来事は国際会議での情勢の読み誤りに過ぎない。しかし、国内で

の議論に接していると環境に対する思い入れと社会問題に対する距離を置いた姿勢の対照には依然欧米にない鮮明さがあるように見える。日本、そして日本企業のCSRを考えるうえで良い出発点ではないだろうか。

■マルチステークホルダー・フォーラムのCSRの定義

　欧州委員会の雇用社会総局と企業総局の両コミッショナー（日本の大臣に相当）が議長を務め、産業界、労働組合、環境NGO、社会関係NGO及び途上国問題を扱うNGOが集いCSRの方向性を議論したマルチステークホルダー・フォーラムは2004年6月に最終報告[3]を出した。

　筆者は同フォーラムの準備会合に出席の機会を得たが、フォーラム発足までの道のりは平坦ではなかった。一つは欧州委員会が関与することについての欧州産業連盟（UNICE）の反対であり、また、限られた数の席をNGOにどう配分するかという問題もあった。当然のことながら多くのNGOが出席を望んだためである。自主性を主張する産業界とCSRの義務化を目指す一部NGOの間の相互不信もあり、議論がかみ合うだろうかとの懸念もあった。実際、NGOが延々と企業批判を繰り返す場面も見られた。

　2002年6月に欧州委員会がフォーラム設立を発表。テーマ毎に設けられた下部グループが実質的議論の場となった。マルチステークホルダー・フォーラムの報告書の最大の意義は、CSRという理念の意味内容を明確にしたことにある。理念を実践するためには、対象が明確に定義され、かつ、合理的に限定されている必要があるからだ。欧州委員会は本報告書を受けて今後の政策の方向性について別途政策文書（コミュニケーション）を発表する予定である。したがって、本報告書は、政策方向を示す文書としてよりも、むしろヨーロッパのステークホルダーが総意としてCSRをどのように形作ろうとしたかを知る手がかりとして読まれるべきものである。

---

[3]　European Multistakeholder Forum on CSR "Final results & recommendation" 2004

第 1 章　ヨーロッパの提案する CSR とはなにか

　マルチステークホルダー・フォーラム報告書は CSR をこう定義づけている。
　「CSR とは、社会面及び環境面の考慮を自主的に業務に統合することである。それは、法的要請や契約上の義務を上回るものである。CSR は法律上、契約上の要請以上のことを行うことである。CSR は法律や契約に置き換わるものでも、また、法律及び契約を避けるためのものでもない。（下線は筆者による。）」
　（原文）　CSR is the voluntary integration of environmental and social considerations into business operations, over and above legal requirements and contractual obligations. CSR is about going beyond these, not replacing or avoiding them.

　「社会面及び環境面の考慮」との文言が使われている。同時に、報告書は CSR の定義に先立ち「CSR を通じて企業は持続可能な発展に貢献する」と明記している。ヨーロッパは持続可能な発展を環境保護と経済発展の両立とは考えていない。環境保護と社会的一体性の維持とそして経済発展の3つが同時に成り立つことがヨーロッパの言う持続可能な発展である。したがって、「社会面及び環境面の考慮」とは、ヨーロッパの持続可能な発展の定義に沿い、CSR が社会と環境の両面を包含することを明記するものである。
　CSR はありとあらゆる社会、環境問題への対処を求めるものではない。持続可能な発展という特定の社会的要請に基礎を置いている。EU が使う"Corporate Social Responsibility"「企業の社会的責任」という言葉は、各語の頭が大文字で表記されていることからも明らかであるが、「企業」、「社会的」、「責任」と3つの言葉の意味の単なるつなぎ合わせではない。持続的発展という政策課題に出発点を置く一体として定義された政策理念である。他方、用語としての「CSR」は日本に持ち込まれる過程で定義の枠が失われ一般的な言葉になった。その結果、国内では「企業」の「社会的」な「責任」を巡って企業倫理から日本古来の商人道まで様々な深淵なる議論が巻き起こった。欠落したのが軸となる政策論である。

■社会問題に軸を置くヨーロッパ

　環境、社会両側面について言及しているにもかかわらず、報告書は環境問題をほとんど取り上げていない。フォーラムの議長も雇用社会総局と企業総局が担当し、環境総局には席が割り当てられていない。このような事実からも伺えるが、マルチステークホルダー・フォーラムの検討の重点は社会面にある。

　社会問題と環境問題のプライオリティの差は、EUサミットにおける議論の経緯からも見て取れる。EU首脳が初めて公式にCSRを呼びかけた場は、2000年のリスボン・EUサミットだ。同サミットは、「<u>より多くより良い雇用とより強い社会的連帯</u>を確保しつつ、持続的な経済発展を達成し得る、世界で最も競争力があり、かつ力強い知識経済となること。(下線は筆者による。)」というEUの持続可能な発展戦略を明確にしたほか、2010年までに就業率を可能な限り70％に近づけるといった数値目標を掲げた。ここから明らかなとおり持続可能な発展戦略は「雇用と社会的連帯(一体性)」と「経済の競争力」の両立という観点から立てられたのだ。環境保護が持続可能な発展戦略に加えられたのは、翌2001年のヨーテボリ・サミットにおいてである。

1.2　ヨーロッパが提言する持続可能な発展

■ヨーロッパの問題提起

　90年代深刻な失業問題に直面したヨーロッパは国際社会と連携して解決方法を探ろうとした。ヨーロッパが持続可能な発展という概念に人的資本問題を包含させたのはその一環でもある。私は1994年から2年間当時の通産省でG7サミット(主要先進国首脳会議)を担当しコミュニケ(経済宣言)案文の調整にあたったが、バブルの余韻冷めやらぬ日本ではイタリアやフランスが提案してくる文案の背後にあるヨーロッパの危機感を理解することはできなかった。し

かし、今日振り返るとヨーロッパの長期的な政策展望は印象的だ。1994年にイタリアのナポリで、翌95年にはカナダのハリファックスで開催されたG7サミットは、ともに雇用問題を主要テーマとして扱った。コミュニケには当時の雇用問題に対する危機感が直截に語られている。

> 「(雇用創出に向けた)この計画の実施のために、我々は、<u>企業と労働者の活発な参加</u>及び国民の支持を要請する。(下線は筆者による。以下同じ。)」(イタリア、ナポリサミット)
> 「<u>民主主義、人権、透明性が高く責任ある統治、人材への投資及び環境保護は、持続可能な発展の基盤</u>である。」(カナダ、ハリファックスサミット)

さらに、1996年のフランス、リヨンサミットでは

> 「<u>グローバルな経済の発展</u>と情報技術における進歩は、経済成長と繁栄の原動力である。しかし、これらはまた、一部では<u>疎外と不安定の源泉</u>と見られているかもしれない。」

とグローバリズムのうねりが社会的不安をもたらしていることを認めた。

この3回のサミットが語った①雇用問題、人材への投資、②人権問題、③持続可能な発展、④グローバリゼーションの陰、の4つの要素はそのまま今日のCSRの柱である。CSRは唐突に姿を現したのではない。

ヨーロッパは持続可能な発展を3つの要素、経済発展、環境保護、社会的一体性の維持、から成ると考え、日米は環境保護の観点のみから持続可能な発展の概念を理解していた。これはヨーロッパと日米の間の社会の危機意識のずれを反映するものだった。

毎年、日本とヨーロッパの産業人及び経済閣僚が集い政策課題を議論し両

政府に提言を行う日欧ビジネスラウンドテーブルが開催される。同ラウンドテーブルでCSRが取り上げられた際、当時ヨーロッパ側議長でありかつCSRヨーロッパ（CSRを推進する企業を会員とするNGO団体）の代表でもあるダビニョン氏より興味深いコメントがなされた。「ヨーロッパのCSRの起源は失業問題である。失業問題が政府の努力だけでは解決できない水準まで深刻化したため、産業界もその解決に貢献しようとした、これがCSRのはじまりだ。」実際、CSRヨーロッパ設立の目的も失業問題に起因する社会的疎外（social exclusion）の解決に産業界が協力することにあった[4]。

■ヨーロッパの深刻な失業問題

　ダビニョン氏のコメントしかり、G7サミットの宣言しかり、いずれもヨーロッパが直面した失業問題の大きさとその苦悩の深さを物語っている。図表1－6、1－7は各国の若年失業率推移を示す。90年代半ば、ヨーロッパの若年失業問題が極めて深刻な状況にあったことがわかる。各国政府は様々な対策をとった。その一つが中高年層の早期退職促進である。限られた職を若者に振り向けることをねらったこの政策は、しかし、若者失業の改善にはつながらず、中高年層の離職だけが進み、結果として各国の財政を強く圧迫した。政府は結局この政策を放棄することを強いられる。ヨーロッパ経済が上向く90年代終盤以降、失業率自体は改善していくが、依然として多くの国で日本を上回り、かつ日本と同様の若年失業、フリーターの増大といった問題を抱えている。

　2割もの若者が職業経験をもたず訓練も受けない。このような事態が世代を超えて繰り返されたとき、果たして社会は持続的に発展できるだろうか。安い短期雇用を使い回すことで企業は利益を上げることができるかもしれない。しかし、人材への投資が不十分な社会が持続的に発展することは困難だ。しかも、

---

[4] CSRヨーロッパウェブサイト
　　http://www.csrEurope.org/aboutus/governance2/socialexclusion/

図表1－6　1990年以降の若年失業率の推移

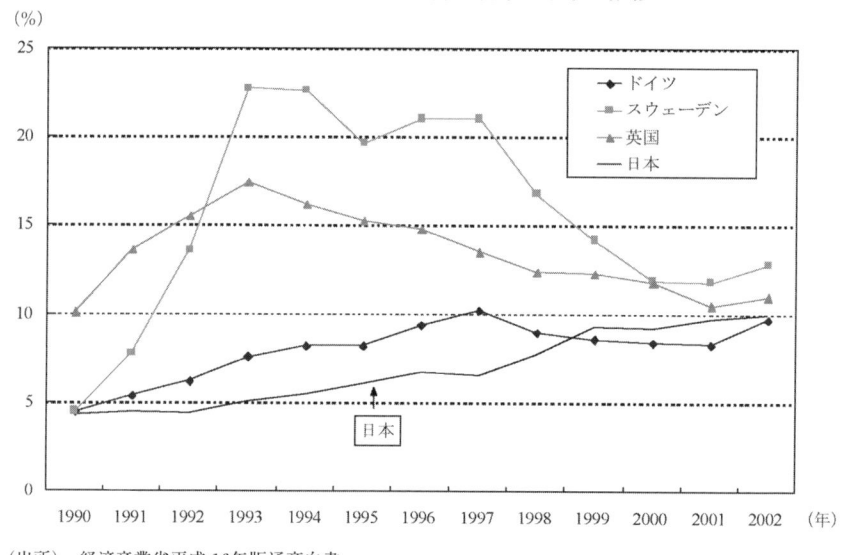

（出所）　経済産業省平成16年版通商白書

図表1－7　最近の若年失業者数の推移

	1997年	1998年	1999年	2000年	2001年	2002年
ドイツ	469（10.2）	436（9.0）	393（8.2）	385（7.7）	374（8.4）	451（9.7）
スウェーデン	69（21.0）	53（16.7）	45（14.3）	36（11.9）	38（11.8）	42（12.8）
英国	608（13.5）	546（12.4）	541（12.3）	524（11.8）	462（10.5）	498（11.0）
日本	570（6.6）	640（7.7）	720（9.3）	700（9.2）	700（9.7）	690（10.0）

（備考）　1．単位は千人。（　）内は構成比（％）
　　　　2．若年者について、英国、スウェーデンは16～24歳、ドイツ、日本は15～24歳が対象
（資料）ILO　LABORSTAから作成
（出所）経済産業省平成16年版通商白書

　失業問題は、犯罪の増加による治安状態の悪化、家庭の崩壊などを通じて社会そのものの土台を蝕んでいく。ヨーロッパの失業問題は単なる経済問題の域を超え、社会的一体性を崩壊させるのではないか、という危機感を醸成した。それは一定の程度今日も同様である。ヨーロッパのCSRは常にその中核に人材問題がある。

　経済活力の観点から見ても人的資本の有効活用はヨーロッパにとって喫緊の

図表1-8 就業率の米欧比較

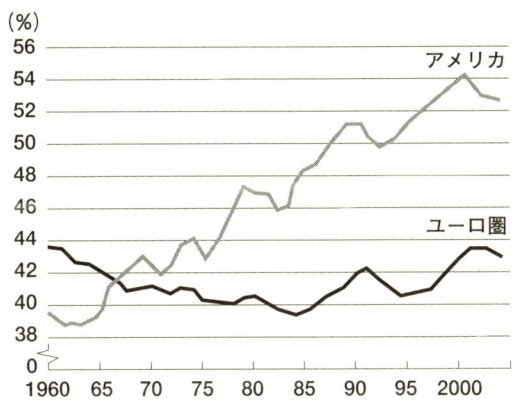

(出所) Financial Times Asia 2005年3月7日付

課題である。図表1-8が示すとおりユーロ圏の就業率(15歳以上の人口のうちの就業者数の割合)は1990年代後半上昇傾向にあるが、アメリカの53%に比べ依然10%ポイント程度低い。さらに、ユーロ圏の一人あたり年間労働時間は急速に短くなっており、2002年ではアメリカに比べ約300時間も短い。

既述のとおりEUは2010年に世界で最も競争力がありダイナミックな知識経済となることを目標として掲げ、就業率を可能な限り70%に近づけたいとしている。同目標の達成のみならず、将来の社会を支える富を生み出し、社会保障制度を維持していくためにも、一人でも多くの市民が経済活動に参加し、能力を発揮、向上させていくことが必要なのだ。

■ CSRで問われる人材問題

ヨーロッパのCSRの原点とも言える1995年の「社会的疎外に反対するビジネスのヨーロッパ宣言(European Business Declaration against Social Exclusion)」[5)]には企業の行動指針が示されている。深刻な失業にヨーロッパの企業が社会的責任をどのように果たそうとしているのか、興味深い内容だ。

指針にあげられている事項のなかからいくつか取り上げて CSR で問われている人材問題の例を見る。

——社員の採用にあたり、長期失業者への偏見及び若年者、技能の低い者、身体障害者など就職に苦労している応募者への偏見は排除されるべきだ。

——高い技能や豊富な経験を持つ者ばかりを採用することは避けるべきだ。そのような採用は未熟練の者を罰することに等しい。

——見習い制度と教育訓練制度を導入し、技能の低い者が活躍できるようにすべきだ。特に、そのような機会はとりわけ低賃金の新入社員に与えられるべきだ。会社はそのために必要な時間と資源を用意しておかなければならない。

——雇用契約に仕事の成果と報酬の関係を明記すべきだ。パートタイムを希望する者にも公平な処遇がなされるべきだ。

——トレーニー制度と教育訓練を結びつけ、将来の就職のクオリフィケーションを改善できるようすべきだ。

——職業教育の方法と体系を確立し、言葉や科学などの基本的知識の改善、コミュニケーション能力の向上などを通じて個人の潜在能力を高めるべきだ。

——社内での社員の疎外を避け、リストラを最小にし、もしくは、リストラが避けられない場合には適切な措置を講ずるべきだ。そのため、(一つには)社員に責任をもたせ、動機付けを行うことで社内での個人の自律性を高めるべきだ。

　CSR が問う人材問題は、従業員への訓練機会の提供、パートタイマーに対

---

5)　http://www.csreurope.org/pages/en/declaration.html

して正規従業員と同様の訓練を施す責務、男女の平等など幅広い。過去の政策が引き起こした大規模な早期退職を補うため、労働市場にできるだけ多くの人に参加してもらうことが各国の大きな課題となっている。このため、子供を持つ従業員への配慮、女性や高齢者が働きやすい職場環境の整備もCSRの重要な項目である。さらに、働く人が自らの能力や才能を発揮できる仕事を提供することも同様に企業の社会的責任と認識されている。

ドイツの総合電機メーカー、シーメンス社のCSRへの積極的な取組みは広く知られている。JBCEのCSR委員会がヨーロッパ企業の最初のスピーカーとして招いたのも同社である。シーメンス社は2003年の企業責任報告書の中で、家族のある従業員への配慮について次のように述べている。

> 我々は家族を持つ従業員に対して様々な支援を提供している。(子育てが一段落して)再度働きだすことが容易になるよう、パートタイムで働くことを認めている。また、子供の保育についても、様々な方法で支援をしている。オランダでは、幼稚園の費用の半額を会社が負担している。ドイツでは、地元の幼稚園との協力に加え、外部機関と協力し、従業員が子供の面倒を見てくれるヘルパーを探すことを支援している。さらに、ドイツでは、ベビーシッターを探すことの支援、学校が休みの間子供が参加できる様々な活動を組織することも行っている。ベルギーでは従業員の子供が病気になった際の治療費負担の支援をしている。

(出所) シーメンス社 Corporate Responsibility Report 2003

人は一人一人社会にとって欠くべからざる資産である。企業は社会の資産を預かる以上、それに応じた責任を引き受けることになる。リストラクチャリングはヨーロッパでもそれ自体が非難されることは少ない。しかし、今の会社を離れても困らないように訓練や職務経験を積ませることは企業の責任である。社会的に責任あるリストラと社会的に無責任なリストラの境が存在する。

ドイツの専門調査会社ウーコムリサーチ(Oekom Research)は2002年7月

に発表したコンピュータ・メーカー8社のCSR評価の中で、雇用保障については次のような評価をしている。

> コンピュータ・メーカーのCSRの水準は依然として低い。多くの雇用契約が合意された賃金体系を上回る報酬を与えているものの、解雇に対する保護も、リストラの際の社会的な代償プランもほとんど講じられていない。

（出所）　Oekom Research報道発表資料 "Sustainability check on computers Hewlett-Packard leads the fields" 2002年
　　　　http://www.oekom-research.com/ag/english/index_research.htm

また、正規従業員とパートタイムの従業員に対する、報酬、訓練等での平等は極めて重視される項目である。NGOや調査機関から例えば次のような趣旨の質問がなされる。

> ―貴社は短期雇用契約、正規雇用契約の別（のどちらをとるか）についての方針を有していますか？方針を有している場合は内容を説明してください。
> ―本社、各事業所、工場及び下請企業それぞれの短期雇用契約と正規雇用契約の比率を示してください。

1.3　個人情報保護の背景にあるヨーロッパの経験

ヨーロッパ社会の経験がCSRに投影されている例をもう一つ挙げる。個人情報保護はCSRの中の重要な項目の一つであるが、図表1－9にあるとおりヨーロッパは世界で最も厳格な規制をしいている。ヨーロッパで事業を行う日本、アメリカ企業は本国よりも厳しい規制の遵守に細心の注意を払っている。特に厳しい国がイタリア、スペインに加えドイツである。現にこれらの国の当

図表1－9　EU個人情報保護指令の概要

(1) 1995年10月採択、98年10月が実施期限
(2) 内容：OECDの原則＋第三国移転制限条項
　① OECDが定める主要原則
　　・収集目的の明確化、目的外使用の禁止、不正な方法による収集の禁止、紛失・改ざん等に対するセーフガードの確保、情報主体への開示　等
　②第三国移転の制限
　　─EU域外国への個人情報の移転は、当該国が適切な保護レベルを確保している場合に限り認められる。日本を含む多くの国は適切な保護レベルを達成できておらず、また米国のようにそもそも個人情報保護法を持たない国もある。
　　─例外として、情報主体の同意がある場合、また第三国への移転が情報主体の利益を実現するため（契約の履行、権利の保護等）に不可欠である場合には、個人情報の移転は可能。
　　─国として保護が十分でない場合でも、組織として十分な保護が保証される場合は、その組織に対して移転可能。
　　・米EUセーフハーバー協定
　　・標準契約条項
　　　　企業は情報を域外に送るたびに送り先と間で欧州委員会の定めた標準契約条項に即した契約を結ぶことで域外への情報送信が可能になる。
　　・代替契約条項
　　　　厳格な標準契約条項に対して代替契約条項の提案がJBCE他の産業団体からあり、4年にわたる交渉の末、2005年4月1日より産業界提案による代替契約条項に基づく個人情報の第三国移転が可能となっている。
　　・拘束的企業ルール（BCR：Binding Corporate Rules）
　　　　2005年4月に欧州委員会の個人情報に関する諮問委員会から提起された契約に基づく情報移転に替わる方法。企業内部の一定の"自主的な個人情報の移転を含むルール"に対して一定の法的な拘束力を与え、それに基づいて、企業内で個人情報の転送を可能とする。契約に基づく個人情報の移転は一拠点対一拠点（本店）間毎に契約締結が必要となるのに対して、拘束的企業ルールは全ての拠点を一括して移転先に含めることができるため、多国籍企業にとって利用価値が大きいとして注目されている。

局は他国に先駆けて企業への立ち入り検査を行っており、一部のアメリカ系企業の違反を摘発するに至っている。

　おおらかなイメージの南欧２国が最も厳格に規制を実施していることは多少意外である。スカンジナビア諸国が厳しい環境保護政策をとることはよく知られているが、一方、イタリアやスペインの規制執行は分野に関わらず緩いという印象が一般的だ。疑問に答えてある弁護士はこう説明した。「ナチスへの協力の記憶です。両国はナチスにユダヤ系国民の情報を安易に渡したと言われています。その結果何が起こったかはご存じのとおりです。」

　日本は社会問題に関する教訓を得る機会を多く持たなかったのかもしれない。経済成長は様々な潜在的社会問題を顕在化させなかった。おそらく実際に存在したであろう問題も少なからず覆い隠した。実は経済成長の陰で社会的絆が綻んでいたのかもしれない。しかし、バブルの熱気の中で誰もそんなことは気にしなかった。つまるところヨーロッパが経験した社会問題は日本にとって別世界のことであったのだ。このような環境に育った企業が社会問題を持続可能な発展の脅威と考えないのはむしろ自然と言える。実際に経験していないことに危機感を持つことは難しい。

1.4 CSRの柱となった途上国の人権・労働問題

■ CSRに合流した反グローバリズム

　ヨーロッパのCSRにおいて「開発」、すなわち途上国問題は柱の一つである。その背後には過去10年の反グローバリズムがある。既に見たとおり1996年のG7サミットはグローバルな経済の発展が社会的疎外と不安定の源泉となっている可能性を認めた。

　グローバリゼーションに異議を唱える反グローバリズムのとらえ方は難しい。環境運動、人権運動、貿易自由化への反対、また、反米運動であることもある。「グ

ローバリゼーション」の概念自体明確な合意があるわけではない。先進国首脳会議やWTO (World Trade Organization、世界貿易機関) 閣僚会議といった注目度の高い政府間会議には反グローバリストが集い主張を叫ぶ。時に暴力的な様相を帯び世界中の報道機関の取りあげるところとなる。1999年のシアトルにおける第1回WTO閣僚会議が発端であったように感じられるが、反グローバリズムはここ10年の新しい潮流である。そしてCSRを考える際に欠かせない要因ともなっている。

経済の国際化が貿易量で計られた時代、グローバリゼーションの負の側面は従属的な貿易構造として語られた。先進国が付加価値の高い製品を途上国に売り、途上国の農産物や鉱物資源を安く買いたたく構造である。先進国と途上国の間の分業の不公平、すなわち、国と国の間の問題が焦点であった。

しかし、大企業の事業が世界中に網の目のように広がった今日、グローバリゼーションは国単位の輸出入よりも大企業の途上国への資本投下に象徴される。緊張関係の中心が変化しつつある。NGOの批判の矢面に立つのは政府にもまして今やグローバル企業である。途上国の社会的歪みが企業の責任に帰される。反グローバリズムはCSRに合流していったのである。

ヨーロッパの側から見ても、失業問題の外縁が拡張して途上国の労働者の問題を包摂していくことは自然な流れだ。NGOや報道機関が競って取りあげる途上国労働者の状況は、ヨーロッパ域内に比べ格段に深刻である。途上国問題が人々の関心の中心となるのに時間はかからなかった。何人かの関係者が語ったが、「ヨーロッパのCSRの主な関心はヨーロッパの外にある」のである。

ヨーロッパの政治的立場も一定の影響を与えている。ヨーロッパは旧宗主国としてアフリカ諸国に対する政治的責任を負っている。中国やベトナムなどアジアの搾取的工場労働も関心対象であるが、同時にアジアでは空前の規模と速度で人々の生活水準が向上し、グローバリゼーションのプラス面を体現している。一方、アフリカ諸国はグローバリゼーションの恩恵に浴しているようには見えない。アフリカの停滞はヨーロッパが「開発 (development)」をCSRの重要な一項目とした背景の一つとも考えられるだろう。

■CSRで問われる途上国の労働問題

NGOや調査機関から送られてくる大半の質問状に途上国の労働問題に関する項目が含まれている。図表1 - 10にあげる例は、ヨーロッパのあるNGOから電気電子業界の企業に送られた質問状の一例である。必ずしも途上国問題に限定されていないが、児童労働やサプライチェーンに関する質問など、途上国特有の問題についても詳細な情報が求められている。

■ヨーロッパの提案するCSRをどう受け止めるか

人材問題＋途上国の人権問題、こう見ればヨーロッパが提起するCSRの中核を理解しやすいだろう。いずれも日本企業が必ずしも得意とする分野ではない。マーケティングや研究開発など純経済的な経営手法でさえ外国企業の模範事例を社内に取り込み、実効があがるまで消化することは容易ではない。まして、事業に直結しない価値観について、企業が自らの属する社会の経験を超えて理解し行動に移すことはなおさらだ。海外の報道機関や子会社から送られてくる情報が社内にあふれようとその難しさは変わらない。

確かにCSRに関する日本の状況はここ数年で変化した。数多くのCSR報告書が出され、ステークホルダー経営が説かれ、SRIファンドが組まれている。しかしCSRは社会に対する認識を基礎にする。国内ではCSRが語られても社会問題と関連づけて論じられることはまだ少ない。日本の社会を考えながらCSRというヨーロッパが作り出した理念を理解していく必要があるだろう。

1.4 CSRの柱となった途上国の人権・労働問題

図表1－10　途上国の労働問題に関して問われる事項の例

労働基準と社会的政策
1　貴社は社会政策に関する明記された方針を有していますか？
はい（方針を同封してください）

いいえ、なぜならば

その他、すなわち

2　貴社は労働基準について具体的な声明書を有していますか、声明書はより包括的な社会的な方針か行動規範につながっていますか？
はい（下記表を埋めるとともに宣言、行動規範を同封してください）

事項	具体的声明	社会的方針に関する部分	行動規範に関する部分（適用される製造拠点及び事業所の割合も含む）	根拠：OECD/ILO/国連/その他（特定してください）
人権				
団体交渉権				
児童労働				
強制労働				
差別				
セクシャルハラスメント				
結社の自由				
公正な賃金				
その他				
雇用保障				
生活賃金の支払い				
安全で健全な労働環境				
最大労働時間				

いいえ。なぜならば

その他

3　貴社は上記事柄について今後2年間に達成すべき目標を設定していますか？
はい。目標を特定してください。
　　　1
　　　2
　　　3
　　　4
　　　5
いいえ。なぜならば

その他

4　貴社は目標達成状況を監視していますか？
はい。手段を特定してください。

いいえ。なぜならば

その他

5　どの程度貴社は労働基準に関する貴社の方針をサプライチェーン、プロダクションチェーンに適用していますか？説明とともに関連文書を同封してください。

1.4 CSRの柱となった途上国の人権・労働問題

コントラクター	
サブコントラクター	
直接のサプライヤー	
間接のサプライヤー	
親会社	
子会社	

6 貴社はどのように全ての従業員に会社の社会的方針及び労働基準に関する方針を周知していますか？適切な関連文書を同封してください。

第2章

ヨーロッパのCSRは
日米のCSRとどこがちがうのか

ヨーロッパは、法令や契約上の義務の履行やフィランソロピーを CSR に含めないなど CSR の対象を限定する。自主性、主体性が重んじられる。日本では当然の義務である法令遵守が CSR の中心的課題と見なされることが多いが、これはヨーロッパの見方と対照的だ。一方、アメリカの CSR は地域社会への利益還元が中心だ。日本企業は貿易摩擦の経験からアメリカ型 CSR に馴染みが深い。社会貢献事業や、法令遵守上の問題の経験を土台としながら、ヨーロッパが提案する業務統合型の CSR に取り組んでいくことが今後の課題である。

2.1 業務への統合と自主性を訴えるヨーロッパの CSR

■マルチステークホルダー・フォーラムの CSR の定義

再度、マルチステークホルダー・フォーラムによる CSR の定義に戻ろう。

> 「CSR とは、社会面及び環境面の考慮を<u>自主的に業務に統合する</u>ことである。それは、<u>法的要請や契約上の義務を上回るものである</u>。<u>CSR は法律上、契約上の要請以上のことを行うこと</u>である。CSR は法律や契約に置き換わるものでも、また、法律及び契約を避けるためのものでもない。」
> （下線は筆者による。）

この定義をいくつかに分解しながら考えてみる。

■CSR は法的要請を上回るもの

CSR は法律や契約の求めを超えた行為を自主的になすことであるとしている。この点は二度繰り返されていることからも定義の重要な要素であることがわかる。CSR は法律や契約上「やらなくてもよいことをやること」、もしくは「や

ってもよいことをやらないこと」と言い換えることができる。

　産業界はCSRの自主性を主張してきた。自主性が義務の履行と相容れない以上、CSRが法令、契約の外の領域で定義されることは産業界の立場の必然的結果でもある。また、NGOにとっても法令、契約では解決できない様々な問題が存在していることから、このような定義を受け入れることに困難はなかったようだ。ただし、時としてなされる「CSRを法律上の義務にすべき」という主張がある。これは、「CSRについては自主性に委ねる一方で報告開示については法令上の義務とする」との趣旨であることが多い。

　法律とCSRの関係について企業のコメントを2つ紹介する。

> ―イギリスに本社を置く製薬会社グラクソ・スミスクライン社
> 「我々は事業を、法律が認め、かつ我が社が理にかなっていて責任ある行動と考える範囲の内で行う。」
> ―同じくイギリスの総合資源会社であるアングロ・アメリカン社
> 「合法であるからといって、それを行うことが常に正しいとは限らない。」

(出所)　Financial Times Asia 2004年11月19日付

　なお、マルチステークホルダー・フォーラムではCSRの範囲に関連して、産業界が法律上の義務である労使協議はCSRの対象でないと主張したと記録されている。このように「法的契約的義務を超えるものか否か」という基準によってCSRとCSR以外の間には明確な境界線がひかれている。

■CSRとは、社会面及び環境面の考慮を「業務に統合する」こと

　マルチステークホルダー・フォーラムは、企業が環境及び社会面の考慮を業務に統合することをCSRの条件としている。ここで言う業務とは調達、製造、販売、人事など企業が事業を行うために遂行する様々な機能を指す。しかし、

特定の環境ないし社会的考慮を全ての業務に同時に組み込むことを求めているわけではない。問題の内容と性格に応じて関連する業務は限定されることもある。肝心なことは、業務の遂行自体が問題の解決に資するよう設計されていることである。環境、社会問題への対応が通常業務から乖離した付加物とならないことが求められている。

女性が働きやすい環境づくりを例にとれば、外部の保育園への寄付が一回限りで業務との関係が見いだせなければ CSR の定義には入らない。しかし、勤務形態の自由度を高める人事政策、また、女性登用比率の高い企業からの優先調達はともに事業に統合された CSR と見ることができるだろう。

問われているのは仕事のやり方である。よく CSR は「本業で」といわれる。しかし、本業の製品、サービスそのものが問われているのではない。扱う製品がどれほど環境に優しいものでも職場で男女差別が横行している企業は CSR を語る資格がない。問われているのは、本業の「やり方」である。

2.2 アメリカの CSR とのちがい

■衝突するヨーロッパとアメリカの価値観

CSR が社会の危機感を表現するものである以上、CSR から地域性を消し去ることはできない。ヨーロッパの内部にも様々な地域性がある。市場への強い信任に特徴があるアングロサクソン文化のイギリス、国家管理経済の伝統を長く持つフランス、高福祉国家であるスカンジナビア諸国、他国に比べると依然後進性が見られるギリシャやアイルランド、さらに 2004 年にはハンガリーやチェコなど旧共産圏の一部も EU に加盟した。それぞれの社会が抱える問題は一様ではない。したがって、マルチステークホルダー・フォーラムの結論は産業界、NGO、労働組合という主体間の共通理解であるのみならず、同時に国のちがいを超え汎ヨーロッパに適用される考え方としての意義も大きい。

近年、ヨーロッパは自らの理念をアメリカに反射させることで輝度を上げようとする傾向が見られる。アメリカが京都議定書批准拒否をした翌日にEUとして批准方針に変わりがないことを明言し外交ポイントを稼いだことはその一例だ。

より実務的な環境社会規制についても同じ傾向が観察される。欧州委員会の環境総局や雇用社会総局の官僚たちには彼らの環境理念ないし社会理念こそヨーロッパをヨーロッパたらしめるものであるとの気概を感じることが多い。自らの政策がアメリカに理解されないことを誇りにしているような節さえある。ある規制案についてアメリカ産業界と一緒に欧州委員会に交渉に出向いたところ、担当官はアメリカ企業代表に向けて「あなた方にはこの規制の意味は理解できないでしょう。ヨーロッパの価値観はアメリカとちがうのです。」と言いはなった。

■フィランソロピー×地域社会がアメリカのCSR

アメリカのCSRをヨーロッパはどう見ているだろう。アメリカのCSRの特徴を欧州委員会は「フィランソロピー×地域社会」と表現した。フィランソロピーは典型的には金銭を慈善団体等に寄付することである。従業員の時間を提供することもある。欧州委員会の担当は続けた「フィランソロピーは利益の一部を寄付する利益処分の方法です。ヨーロッパのCSRが問うているのは、どのように利益を上げたか、その過程なのです。」

企業が行う業務の中に環境社会考慮を統合させることの要請は、裏返せば、社会的に無責任な方法であげた利益を社会に一部還元して免罪を求めるかのような企業行動を評価しないということだ。利益の社会還元に対する評価においてヨーロッパはアメリカと際だった相違を見せる。日本企業はアメリカ型のフィランソロピーを導入してきたが、マルチステークホルダー・フォーラム報告書のフィランソロピーについての評価は戸惑いを感じるほど辛辣である。

> —「フィランソロピーはCSRの十分条件ではない。しかし、悪いものではない。」(傍点は筆者による。)
> —「多くの企業は、(途上国の) 社会における企業の役割について、フィランソロピー的な解釈から前進し、より広い視点を持つようになっている。」(傍点は筆者による。)

　もちろん、ヨーロッパが企業の慈善活動を否定しているのではない。ヨーロッパ企業のCSR報告書にも社会貢献事業は記載されているのが一般的だ。しかし、社会貢献事業をCSRの中心には位置付けてはいない。マルチステークホルダー・フォーラムは促進すべきCSRの外縁を明確にし、フィランソロピーはその外に置かれた。フィランソロピーは一世代前のCSRと見られていると言えるかもしれない。

　地域社会についてはどうだろう。アメリカ企業が語る企業の社会的責任の「社会」は「地域社会(コミュニティー)」と読み替えることができるのではないかと思われるほど地域社会指向が強い。ヨーロッパの関係者に言わせればアメリカ企業は地域社会に「取り憑かれている」ということになる。

　これはアメリカの生い立ちそのものに根ざす。地域社会がまず形成され、それから州ができ、最後に国家が成立したアメリカの地域社会に対する思い入れの程度はヨーロッパ人に限らずアメリカ人以外が理解することは容易ではない。成功した者が地域社会に果実の一部を還元することは何を置いても優先する責務と理解されている。そのような社会的責任を果たさない者は政治的にも大きなリスクを負うのであり、企業は政治的な発言力を維持強化するためにも、リスク管理の一環としても地域社会とのつながりを強くしておかなければいけない。新たにアメリカに進出をした外国企業がこの点への配慮が足りないと予期せぬ困難に直面することになる[6]。

　もちろん、地域社会の問題はヨーロッパでも重要である。とりわけイギリスではアメリカ的な地域社会指向が他のヨーロッパ諸国に比べて強い。CSRの

会議に行けば地域社会が取り上げられることは少なくない。「地域社会」は常に政治的正統性のある言葉であり、その重要性が否定されることはない。しかし、ヨーロッパがアメリカ企業の地域社会指向を極端なものと考える背景には単にプライオリティのちがい以上のものがある。地域社会は「問題」ではない。地域社会は地理的社会的な単位であってその中に多種多様な問題が存在する。地域社会における失業問題、男女差別の問題、高齢化、治安悪化、廃棄物処理、有害物質使用、食品安全等々、地域社会は国と同じだけ多様な問題を抱えている。問題の内容に応じ処方箋はちがってくる。「地域社会のために」という問題設定は、したがって、粗いのである。実は、この粗さがアメリカ企業に感じられない大きな理由は、アメリカ企業の地域社会への貢献が基本的に利益還元だからであると私は見ている。地元のオーケストラ、地元の小学校、地元の老人ホームに寄付をすることがCSRであるとすれば、問題の内容に応じて解決方法をいかに「業務に統合」するかに頭を悩ませる必要はない。慈善事業にまわせる資金は有限であるが、できるだけ地元に優先して配分すればよい。解決方法を考えるのは資金を受け取る側である。

■アメリカのCSRの特徴

単純化が許されるなら、アメリカのCSRの核は、「利益を地域社会に還元すること」と言い表せる。ヨーロッパのCSRとのちがいが鮮明になるだろう。アメリカとヨーロッパのちがいは決して最近の現象ではない。1988年にまとめられたCSRに関する先駆的報告「海外現地生産時代における企業の社会的責任」はアメリカの特徴を以下の3点に要約している。(傍点は筆者による。)
　―社会的責任＝寄付貢献活動というくらいに重点がある
　―自発的な奉仕精神と慈善的寄付に長い歴史があり、最近では寄付財団活動

---

6) 南村博二著『企業経営学　社会的責任投資(SRI)時代の経営学』学文社、2003年、第9章「2・フィランソロピー」参照

が政府の代替機能を果たしている
──地域社会へのコミットメントが深く「良き企業市民」としてのグラスルーツ活動

一方、ヨーロッパについては以下のように総括している。（傍点は筆者による。）
──英国に慈善に対する長い歴史があるが、近年、米国的寄付活動も増加
──西独では寄付活動は規模が小さい
──社会保障の進んだ国では企業による寄付（フィランソロピー）は軽蔑されることもある
──従業員に対する福利厚生

（出所）日立総合計画研究所「海外現地生産時代における企業の社会的責任」 1988年　表2・5標準モデルの区分による各国（地域）の比較

2.3 日本のCSRとのちがい

■法令遵守が中心の日本

　日本にとってCSRは輸入された言葉である。用語としてのCSRは背景にある社会的文脈から切り離され、日本の社会状況の中で便利に使い回された。CSRとは何かという問いかけはなされず、むしろ、当時新聞を賑わせていた、そして現在も相変わらず後を絶たない企業スキャンダルに対する絶好の警句となった。企業スキャンダルの中心が法令違反であったことから、CSRは法令遵守と同義に使われることが多い。
　法令遵守の重視は日本企業の報告書からも明らかである。既述の新日本監査法人の調査によれば、図表2－1に示すとおり、調査対象企業のうち56％がマネジメント体制を記載している。しかし、記載されたマネジメント体制がコンプライアンスのみ、もしくはコンプライアンスとガバナンスのみの企業を合わせると38％を占め、CSR全般のマネジメント態勢について記述しているの

は10%に過ぎない。

経緯の産物といはいえ、法令を守っている、すなわち罪を犯していないこと、をもって社会的責任を果たしているとすることは、一般の常識に照らしても無理がある。責任と義務のはきちがえである。

もちろん、法令遵守は決して容易なものではなく、いずれの国でも重要な経営事項である。しかし、ヨーロッパでもアメリカでも「社会的責任」の一部ではなく、独立した問題として扱われる。

シーメンス社の84ページに及ぶ企業責任報告書は法令遵守にほとんど触れていない。ヨーロッパ企業とアメリカ企業の合併によって生まれた自動車メーカー、ダイムラー・クライスラー社の98ページにおよぶCSR報告書にも法令遵守についての記載はない[7]。

図表2-1　CSRマネジメント態勢の記載

- CSRマネジメント 10%
- コンプライアンスとガバナンスのみ 16%
- ガバナンスのみ 8%
- コンプライアンスのみ 22%
- 記載なし 44%

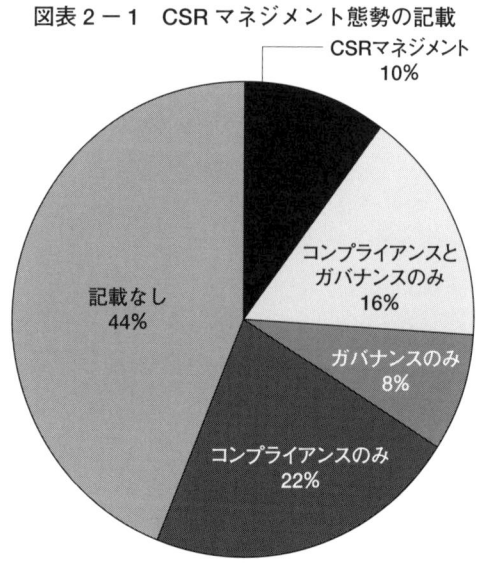

(出所)新日本監査法人「CSRはどのように報告されているか　2004年度版事例集」2005年

---

7) DAIMLER CHRYSLER "Corporate Social Responsibility 2004" 2004

マルチステークホルダー・フォーラム報告では一カ所だけ法令遵守について触れられている。中小企業のCSRへの取組みを促していくという文脈で以下のように述べている。

> 「(中小企業にとって) CSRの出発点は法律を尊重し支持することだ。しかし、CSRは法的な義務や契約上のコミットメント以上のものである。」

近年、企業による法令違反の醜聞が多い事情は欧米でも同じだ。ヨーロッパの新聞にも毎週のように新しい法令違反事件に関する記事が掲載されるが、CSRという言葉を使った記事は見られない。日本企業が時としてヨーロッパの関係者を当惑させるのは、義務の履行と社会的に責任ある行動を混同しているためである。CSRの名で法令遵守を語ればヨーロッパの聴衆に違和感を与えてしまう。

■アメリカ型CSRを輸入した日本

地域社会とフィランソロピーについてはどうだろうか。アメリカとは社会の生い立ちも異なり、比較は困難であるが、日本企業は伝統的に工場や支店、販社などがある地元社会との融和に心を砕いてきた。地元のお祭りへの参加から工場グラウンドの近隣住民への開放など様々なことが行われている。地元社会での評判が事業の成功にとっても重要であると理解されている。

日本企業が地域社会とフィランソロピーについて配慮を払うもう一つの理由はアメリカとの貿易摩擦の教訓である。アメリカに進出して長い年月が経ち現地の経済にも多大な貢献をしてきたにもかかわらず、貿易摩擦に火がつくと日本企業はアメリカ社会に受け入れられていなかったことがはっきりした。この苦い経験は多くの日本企業を社会貢献事業に駆り立てることになった。

日本の大企業はアメリカの「フィランソロピー×地域社会」型貢献の重要性を貿易摩擦の教訓として学び、彼の地で実践したが、同時にアメリカの考え方

が日本に輸入され国内ではフィランソロピー(社会貢献事業)のブームが起こった。

経団連(当時)は、経常利益の1%以上を目安に社会貢献活動のために拠出することに努める企業を支援する「1%クラブ」を1989年に設立している。日本経団連のホームページはその経緯について「経団連(当時)では86年、89年の2回に渡って欧米に社会貢献調査ミッションを派遣し、米国に1%クラブや3%クラブなど、いわゆる「パーセントクラブ」があることを学びました。(傍点は筆者による。)[8]」としている。

バブルの崩壊とともにフィランソロピーを耳にする機会は少なくなった。しかし、フィランソロピーの重要性についての意識は、今日の企業のCSR観に強く影響している。図表2－2は、サステナビリティ報告書、社会・環境報告書において、環境以外の項目で何が重視されているかを調査したものであるが、社会貢献が他を圧倒して重視されている。

■環境＋社会貢献＋法令遵守の日本のCSR

日本では様々な主体がCSRの定義や解釈を試みているが、いずれもCSRに広い意味を与えているのが特徴である。経済同友会、日本経団連、関西経済団体連合会そして経済産業省が明らかにしているCSRの解釈、理解はいずれも図表2－3のとおり財務的活動以外の事項を広くCSRとしてとらえられている。

日本の今日のCSRを概括すれば「環境＋社会貢献＋法令遵守」となるだろう。日本は「CSR」をパッケージングコンセプトとして取り入れたと理解すれば社会現象としてのCSRブームは理解しやすいと私は考えている。法令遵守の系としての企業倫理やインテグリティなども含め従来から提起されていたイシューをCSRという外来語でパッケージすることで社会的推進力を与えようとし

---

[8] 日本経団連1%クラブホームページ参照
http://www.keidanren.or.jp/japanese/profile/1p-club/outline.html

2.3 日本のCSRとのちがい

図表2−2 環境以外で重視されている項目

重視している分野

> サステナビリティ報告書、社会・環境報告書においては、環境を除くと、社会貢献、安全衛生、人事・教育研修、製品サービス面を重視している企業が多い

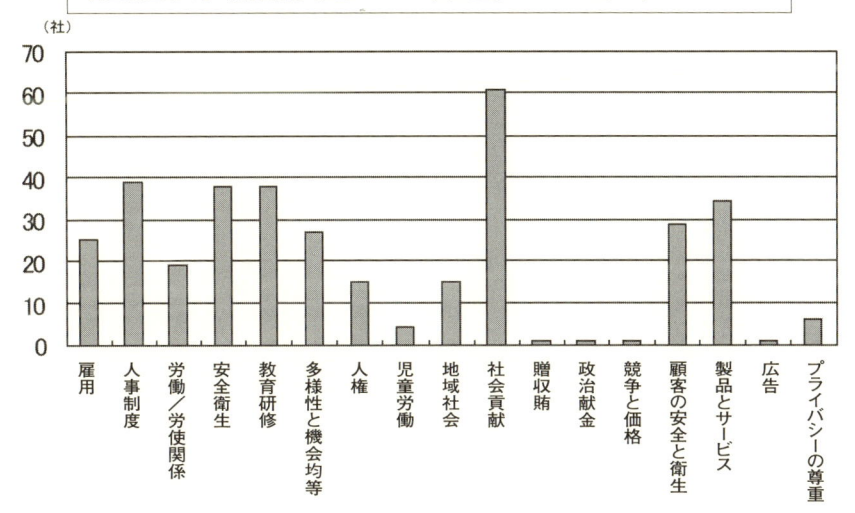

(社)

項目	数
雇用	25
人事制度	39
労働／労使関係	19
安全衛生	38
教育研修	38
多様性と機会均等	15
人権	15
児童労働	5
地域社会	15
社会貢献	61
贈収賄	2
政治献金	1
競争と価格	1
顧客の安全と衛生	29
製品とサービス	35
広告	2
プライバシーの尊重	7

中央青山監査法人調べ（複数回答可。62社のサステナビリティ報告書について、GRIガイドライン（社会）に基づいて整理）

（出所）経済産業省　企業の社会的責任に関する懇談会第一回会合資料「企業の社会的責任(CSR)を取り巻く現状について」2004年4月

た。その試みは成功を収め、CSRは環境保護、社会貢献、法令遵守であるとの認識は産業界を含め広く一般化し、CSRという魅力的なキャッチフレーズと一体となることで各問題の重要性に対する意識は大きく向上した。ただし語られる内訳はいずれもCSRという言葉を使わずに説明可能である。

一方、ヨーロッパのCSRは、既に詳しくみたように若年失業といった、社会貢献、法令遵守等の従来の対応ではカバーできない領域の問題への対応方法として、過去の取組みから意識的に一線を画した新しい運動として登場した。したがって新しい内容に即して新しい言葉を当てはめる実質的な要請があったのである。

もとよりCSRに唯一の正しい定義があるわけではない。言葉に厳密な定義を与えようとするのは単にヨーロッパの文化的嗜好かもしれない。日本が

図表 2 － 3　経済団体等の CSR の解釈

――様々なステークホルダー（顧客、株主、従業員、将来の世代、地域社会など）を広く視野に入れながら、企業と社会の利益をその時代の社会ニーズを踏まえて高い次元で調和させ、企業と社会の相乗発展を図る経営のあり方である。（経済同友会第 15 回企業白書）

――CSR の具体的な内容については国、地域によって考えが異なり、国際的な定義はないが、一般的には、企業活動において経済、環境、社会の側面を総合的に捉え、競争力の源泉とし、企業価値の向上につなげることとされている。（日本経団連 2004 年 2 月「企業の社会的責任（CSR）推進にあたっての基本的考え方」）

――消費者や地域住民等の声を商品開発やサービス内容の向上に直結させるような体制を構築することこそが、成功するビジネス・モデルになることを銘記すべきである。元々従業員などのステイクホルダーを大切にするという長所を日本的経営は持っていた。これをさらに深めて、より多様なステイクホルダーとの信頼関係の構築を図っていく必要があるということである。（㈳関西経済団体連合会 2001 年 3 月「企業と社会の新たな関わり方」）

――一般的に法令遵守、消費者保護、環境保護、労働、人権尊重、地域貢献など純粋に財務的な活動以外の分野において、企業が持続的な発展を目的として行う自主的取り組みと解されている。（経済産業省 2004 年 4 月「企業の社会的責任を取り巻く現状について」）

「CSR」という輸入語をどう使うかが本質的な問題なのではない。重要なことはヨーロッパの CSR に日本が気づいていない内容があるとしたら、その内容

について検討することである。パッケージングコンセプトは時とともに費消される。「CSR」という欧州風香味料の賞味期間は長くないかもしれない。

グローバルな規模でヨーロッパの業務統合型CSRの影響が強まっている。アメリカ企業のCSR活動もヨーロッパから強い影響を受けつつある。ある世界有数のアメリカ企業の担当者は、全社のCSR活動に対するヨーロッパの影響が近年急速に強まっていると語った。

当然のことながらヨーロッパのCSRの現代性に目を奪われて社会貢献などこれまでの取組みをプレモダンの枠に押し込める必要は全くない。1％クラブや企業財団の活動をはじめとする様々なフィランソロピー活動や地域貢献の中には日本の産業界の社会との接点に関する豊潤な経験が蓄積されているはずだ。日本企業がこれまで経験してきたフィランソロピーや法令遵守上の問題は、ともに日本企業が業務過程統合型のCSRを理解し実践する土台となるはずである。日本でCSRが議論された時間はまだまだ短い。企業の取組みの進展とともにCSRの中心も変化していくことはむしろ自然だ。海外の取組みにも学びながら将来に向かって柔軟な姿勢をとることが重要だろう。

2.4 CSRを進めるためのヨーロッパのアイデア

■マルチステークホルダー・フォーラム最終報告のポイント

マルチステークホルダー・フォーラム報告書は、CSRに定義を与えると同時にCSRの促進要因と障害となる要因を分析し、CSRを進めていくために必要な行動をまとめている。社会全体としてCSRにどう取り組むべきか、ヨーロッパの考え方を概観する。

マルチステークホルダー・フォーラム最終報告書の主要部分は三部構成になっている。第一部ではCSRに関する既存の原則や基準が確認されている。フォーラムが発足するにあたり、既にCSRに関する国際合意や規範が多数ある

にもかかわらず、また新しい原則や基準ができるのではないか、との懸念が産業界で高まった。フォーラムが最初に既存文書の整理をしたことには、屋上屋を架す意図がないことを明確にするねらいもある。同時に、ヨーロッパ企業は自社の行動規範にOECDや国連などの国際的合意文書を取り込む例が少なくない。

 シーメンス社も、企業責任報告書にILO多国籍企業及び社会政策に関する原則の三者宣言、OECD多国籍企業ガイドライン等5つの国際的ガイドラインを挙げ、グローバルな事業展開にとってこれらの国際的ガイドラインの遵守が重要であると述べている。国際社会の合意事項を広く確認することは、個別企業の取組みの上からも要請されたのである。

> 国際機関の合意文書や勧告が多く存在する。これらの文書は主に政府に向けられたものだが、多国籍企業とその従業員にとって重要な指針となる。シーメンス社はグローバルな事業をこれらのガイドラインと整合的に遂行することの重要性を強調する。

(出所) シーメンス社 Corporate Responsibility Report 2003

 一方、日本企業ではCSR活動の中で国際的合意文書を考慮することはまだ一般的ではない。その意味でも国際社会やEUのこれまでの合意事項を俯瞰することは有益だろう。第一部の要点は以下のとおりである。

■既存の原則、基準及び協定の再確認

(1) 産業界が参加して開発され、かつ産業界に直接向けられているもの
- ILO(International Labour Organization、国際労働機関)多国籍企業及び社会政策に関する原則の三者宣言(1977年制定、2000年改訂)
- OECD多国籍企業ガイドライン(1976年制定、2000年改訂)
- 国連グローバル・コンパクト (2000年発足)

2.4 CSRを進めるためのヨーロッパのアイデア

(2) 政府向けの文書の中にも企業にとっても示唆に富むものがある
・国連人権宣言(1948年制定)
・市民的権利及び政治的権利に関する国際規約(1966年制定)
・経済的、社会的、文化的権利に関する国際規約(1966年制定)
・EU基本権憲章(2000年制定)
・欧州人権擁護及び基本的原則に関する条約(1950年制定)
・欧州社会憲章(1965年制定)
・ILO労働の基本原則と権利の宣言(1998年制定)
・環境と開発に関するリオ宣言及びアジェンダ21(1992年制定)
・ヨハネスブルグ宣言及び実施計画(2002年制定)
・国連消費者保護ガイドライン(1999年制定)
・EU持続可能な発展戦略(2001年制定)
・環境に関する、情報へのアクセス、意思決定における市民参加、司法へのアクセスに関するオーフス条約(1998年)

■ CSRの促進要因、障害、成功のために必要な要因の分析

　マルチステークホルダー・フォーラム報告書の第二部では、CSRを後押ししてくれる促進要因と、立ちはだかる障害要因を分析した上でCSRを成功に導く鍵を挙げている。
(1) 主な社内的促進要因
　社内的な促進要因として、経営幹部の価値観とコミットメントがまず挙げられているが、CSRに取り組む動機として、
・環境効率向上によるコスト低減
・有為な人材の獲得と引きとめ
・投資家からの評価の向上
・会社の評判の向上(とりわけブランドビジネス、消費者向けビジネス)
などの具体的なものに加え、

- リスク及びコストの予想、回避、最小化
- 社会、ステークホルダー及び顧客の会社に対する期待、要求の予測
- 将来の法規制の予測
- 学習とイノベーション、品質と効率の改善

といった学習能力、将来を見通す力といったより一般的な組織力に関するものが指摘されている。

(2) 主な外部的促進要因

一方、会社の外にある促進要因として、消費者、投資家、NGO などそれぞれのステークホルダーが果たす役割が重視されている。

- 自己の価値観と符合する投資を求める投資家、CSR アプローチをとる企業は収益性のよい投資先であると期待する投資家
- 環境、社会面の実績を基に製品やサービスを選択する消費者及び企業
- 情報提供を行うとともに、CSR に沿った調達、規制を実施する公的機関
- ビジネスの環境上及び社会上の影響を監視し評価するとともに改善に向け働きかけをする NGO
- 団体交渉などを通じ企業行動に影響を及ぼす労働組合
- 経験の共有、より良い取組み方法、外部ベンチマーク等をもたらす他社、ビジネスネットワーク、仲介者及びサプライチェーン

(3) 障害となる主な要因

他方、障害となる要因としては、「時間や資金がかかる割に CSR が会社のためになるという根拠もあまりない」、といった意見など、産業界の実感に満ちた論点が提示されている。CSR に取り組む難しさは日欧で共通である。

- 時間や資金を要する割に、CSR が便益をもたらすかどうかはっきりせず、環境効率の点を除けば、そもそも CSR が会社のためになるという証拠もあまりない。
- CSR 導入に伴う新しい仕事のやり方への慣れや新しい組織の編成など

CSRには大変な労力がかかる。他社の取組方についての情報や事例も不足している。
・環境、社会の領域まで自社の影響を勘案することや、ステークホルダーとの対話は複雑かつ不確かなものになり得る。
・問題の原因は様々ありかつ時として間接的である。組織のどの部分が、地理的にはどこまで、サプライチェーンではどの層まで、責任をとる必要があるか、その境界線がはっきりしていない。
・問題に応じて誰がステークホルダーかを明確にする必要がある。
・CSRの取組みの優先事項は、時に相互に矛盾するものもある。相反関係も理解されなければいけない。
・利益があがらずCSRに取り組む余裕のない企業や評判（レピュテーション）があまり重要でない企業においてはCSRと矛盾する行動が出てくる可能性がある。
・CSRという言葉そのものが、とりわけ中小企業にとってはわかりにくい。
・途上国では政府の統治や法の支配が弱く、社会基盤施設が不足している。さらに、ステークホルダーも資金不足で力がない。

(4) CSR成功のための重要要素

CSRが成功するために何が重要であるかについて、ステークホルダーが合意した内容である。いずれのポイントもCSRを自主的に業務に統合するための工夫だ。
・役員、オーナー、上級管理職のコミットメント
・CSR取組みのビジョンを企業文化に統合すること
・CSRの実践を、企業戦略、中核事業、経営管理の過程と方針の中心に統合すること
・適切な目標を設定し、それを達成するため段階を踏んだ計画を立案し、過程を評価すること
・EU域外のステークホルダーを含む外部のステークホルダーと積極的に連

携し、問題と目標と進展について話し合うこと
・従業員と従業員代表の関与を得てCSR計画、活動、イニシアティブを開発し実施すること
・企業が参考にできる具体的な助言、効果的かつ信頼できる方策、また参加可能なイニシアティブがあること。企業が一定の時間をかけて学び、改革し、状況に対応することができるよう十分柔軟なものでなければいけない。
・途上国については、基本的な権利が守られる法環境が整備されているとともに、ステークホルダーや労働組合やNGOなどの市民社会組織が存在すること
・消費者及び投資家の間でCSRが広く認知されていること

■将来のイニシアティブと勧告

　マルチステークホルダー・フォーラム報告書の第三部では、将来に向けてとられるべき行動がまとめられている。企業、政府、NGO、投資家、労働組合のみではなく、報道機関、教育機関、コンサルタントなど多様な主体の役割について記述がなされている。とりわけ、政府がCSRの環境整備に広く役割を果たすべきことが勧告されていることは注目される。内容的に第二部と重複する部分も少なくないため、注目すべき点に絞って見てみよう。

・ステークホルダーとの対話、CSR報告については、以下のような要請が企業になされている。
―企業とステークホルダーは企業のCSR活動の初期の段階から建設的対話を行うべきである。
―対話が成功するためには各ステークホルダーそれぞれの役割と期待についての明確な理解及び協力や連携を求める意欲が必要である。
―従業員、労働組合、従業員代表との対話がとりわけ重要である。
―企業とステークホルダーは課題に応じ地域レベルでの対話を行うべきであ

る。
- サプライチェーンについては、CSR の中核的な価値観の認知度をサプライチェーン全体を対象として向上させるべきであるとしている。
- CSR に関する調査研究も提言されている。比較に基づく数量的な研究、とりわけ実際の事例に基礎を置いた、学際的でステークホルダー横断的な研究の重要性が指摘されている。また、欧州委員会が研究を資金面で支援することも提言されている。以下のものは研究対象の例である。

― CSR の競争力及び持続可能な発展へのマクロレベルでの影響
― 社会的、環境的基準を公共調達基準に採用することの影響
― サプライチェーンに関する問題と大企業と中小企業の連携の価値
― 企業統治と CSR の関係

- 企業が CSR を理解し事業に統合する能力の向上のため、中小企業、とりわけ発展途上国の中小企業との連携が強調されている。
- コンサルタント、報道機関等が CSR の「能力向上支援者」として位置付けられ、能力向上支援者も CSR についての適切な理解、技能、能力を身につけるべきことが提言されている。
- さらに、教育にも触れられ、CSR を従来からの教育課程、大学院生や将来の企業管理職のための教育課程、上級管理職教育課程の中心に組み込むことを求めている。
- SRI ファンドについては、情報(使用される指標、企業選択の方法論、投資基準)の開示が要請されている。
- 政府については、持続可能な発展を支えるために必要な経済的、環境的、社会的条件を整備する一義的責任を負うとされ、政府の役割が以下のとおり詳細に記されている。

― 政府は企業が CSR に取り組むことによって EU 及び世界の双方の市場で便益を受けることができるよう、法的枠組みと適切な経済的社会的条件を整備すべきである。
― 政府はヨーロッパ及びグローバルなレベルの双方で持続可能な発展の目標

——に向け整合的政策をとるべきである。とりわけ適切な通商政策、開発援助政策、国際的合意が重要である。
——政府はすべての国に人権、社会的権利及び環境を守る国際条約を批准し実施するよう働きかけるべきである。
——政府は、とりわけ発展途上国において、市民の人権、社会的権利、経済的権利を守るための法的枠組み及び経済的、環境的、社会的な進歩につながるような全般的環境を提供するべきである。
——政府は経済、社会、環境に配慮し公的資金を最も責任ありかつ効果的な方法で使用する方策を考えるべきである。
——政府は自らの行動を検討し、雇用主や調達者などの役割について模範事例を広めるべきである。

■CSRの背後にある世界、社会、企業観の変化

　ヨーロッパが多大な労力と時間を費やしてでもCSRの外縁をはっきりと規定しようとした理由の一つは政府、NGO、労働組合、産業界が集って議論をする場が設けられたことが示すとおりCSRが社会運動として意識されていることにある。ただ、私はもう一つの理由があると考えている。21世紀初頭という時代の要請をくみ取ろうとしたのだ。CSRに込められているのは社会の内外を巡る様々な変化の認識である。現代社会が企業に要請するものと、過去の社会が企業に要請したものは同一ではあり得ない。CSRの定義と時代性の認識は表裏一体である。
　CSRが紹介されると日本にはそもそもCSRに相当する伝統が息づいているとの「反論」も同時に起こった。日本的経営、相互扶助の精神、地域密着型中小企業などである。しかし、これらは日本特有のものではない。従業員を大切にし、社会に貢献する企業はヨーロッパにも存在する。にもかかわらず今日ヨーロッパがCSRを改めて考えている事実の後ろにある世界、社会、そして企業観の変化に注意を払う必要があるだろう。

第3章

ヨーロッパのCSRは誰が牽引しているのか

ヨーロッパのCSRを主導するのは、政府、大企業そして政策専門家集団である NGO だ。超国家組織である EU の構造やヨーロッパの伝統的エリート主義を反映し、ヨーロッパの CSR は上からの啓蒙活動としての色彩が濃い。社会問題、環境問題を解決し、持続可能な発展を実現しようとする強い意志がその原動力となっている。産業競争力強化のために CSR が持ち出されているのではない。ヨーロッパの「ソフトパワー」は理念の力であるが、CSR もその一例だ。図表 3 − 1 はアメリカ系ハイテク企業を代表してブラッセルでロビー活動を行う AeA ヨーロッパが描いたブラッセルの見取図である。欧州委員会、欧州議会、加盟国政府、産業団体、標準化機関、NGO の間でダイナミックに政策が形成されていく姿を示している。CSR 推進に当たって各プレイヤーが果たしている役割を検討することで、ヨーロッパの CSR のエンジンを分解しその構造を検討する。

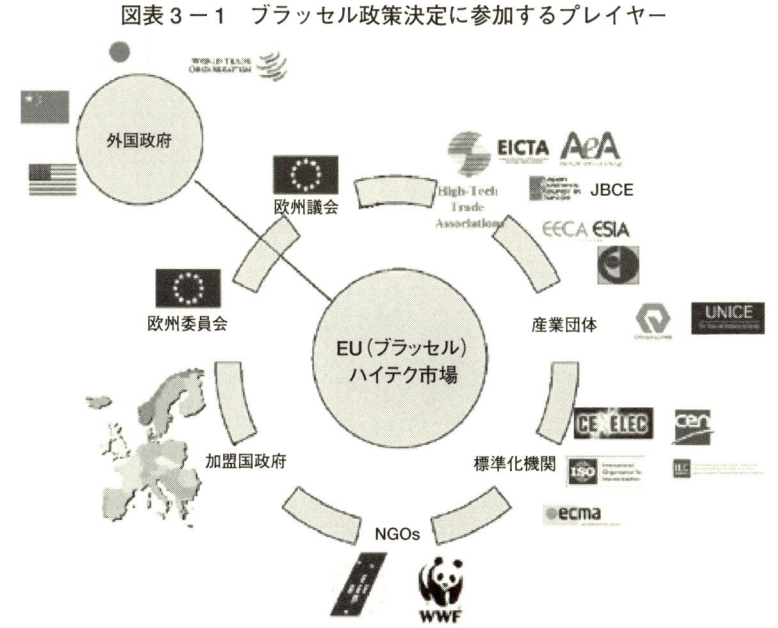

図表 3 − 1　ブラッセル政策決定に参加するプレイヤー

（出所）AeA Europe　ウェブサイト　http://www.aeanet.org/AeACouncils/Europe_Main.asp

第3章　ヨーロッパのCSRは誰が牽引しているのか

3.1 エリート主義を選択したヨーロッパ

　CSRは誰が牽引しているのだろう。CSRという言葉が与える「草の根」という印象とはむしろ逆だ。若干イメージ先行の言葉使いが許されるとすれば私はヨーロッパのCSRを「エリート主導」と形容する。

　EU自体がエリート主義の産物だ。より正確に言えば、EUを作り出すためにヨーロッパはエリート主義を採用した。ヨーロッパ統合の過程は「非政治化（depoliticize）」されたと表現される。ヨーロッパ統合に責任をもつ行政組織である欧州委員会のメンバーは選挙の洗礼を受けない。欧州委員（コミッショナー、日本の大臣に相当）には政治的な思惑から独立してヨーロッパ統合を進めることが期待されているからだ。直接選挙で選ばれる議員から構成される欧州議会はつい最近まで意思決定に関与できなかった。つまりヨーロッパ統合は各国一般市民の意見が直接届かないところで推進されてきたのである。ヨーロッパ統合の是非を一から各国の国民全体で議論していたら現在のEUは存在しなかったかもしれない。共通通貨ユーロ導入の是非が最終局面でいくつかの国で国民投票にかけられたが、逆にいえば、自国通貨の放棄について各国国民の意思が直接反映される機会はそれまでなかったのである。ヨーロッパは市場統合の道筋をポピュリズムの危険から遮断するため、その推進を非政治的行政エリートに託すという選択をした。その成果がEUであり、共通通貨ユーロである。

　他方、トップダウン型の統合推進には様々な面で綻びが目立ってきているのも事実である。2004年に署名されたEU憲法条約の批准の是非を問いフランスとオランダで実施された国民投票では反対が賛成を上回り批准は否決される結果となった。今後EU統合は歩みを緩めざるを得ないだろう。民主的な方法は時間がかかる。しかし、これは統合の理念が放棄されることとはちがう。ヨーロッパは理念を重んじ、理念を実現しようとする知的選良に牽引される側面が日本に比べて強いと感じられる。このヨーロッパ社会の特徴はCSRにもある程度見て取れる。

3.2 積極的役割を演じる政府

■欧州委員会及び各国政府の役割

　ヨーロッパのCSRの特質の一つは政府が積極的な役割を演じていることである。図表3－2にあるとおりEU加盟国首脳は2000年のリスボン・サミットで持続可能な発展戦略の目標を達成するため産業界にCSRを呼びかけた。欧州委員会はこれまで自らの見解を公式文書で表明するとともに、産業界、NGO、労働組合を集めたマルチステークホルダー・フォーラムの議長を務め、CSRのとりまとめ役を持って任じている。通商政策面を見てもEUは人権、

図表3－2　EUのCSRへのこれまでの関与

- ―2000年のリスボン・EUサミットにおいてEU首脳は、持続可能な発展戦略の目標達成に向けた企業の協力を求め、初めてCSRを呼びかけた。
- ―翌2001年のヨーテボリ・サミットにおいて、リスボン・サミットで合意された持続可能な発展戦略に環境保護が加えられた。
- ―2000年のリスボン・サミットは、現在のEUのCSRについての検討の出発点となり、欧州委員会は2001年にCSRについてのグリーンペーパーを、2002年にはコミュニケーションを発表。さらに同年マルチステークホルダー・フォーラムを設置した。
- （注）「グリーンペーパー」、「コミュニケーション」はともに欧州委員会が特定の分野について将来の政策方向を指し示すために発表する文書。ステークホルダーの意見を取り入れながら、必要がある場合には指令や規制など法令に発展する場合もある。

（資料）マルチステークホルダー・フォーラム報告書　2004年

環境への配慮に応じた特恵関税制度を設け、労働権の尊重、環境の保護に努力する途上国に有利な通商条件を与えている。政府調達にCSRの基準を導入することを可能にする政府調達指令も整備された。各国レベルでも、オランダ、デンマークは環境面での情報開示を企業に義務付けた。フランス、イギリス及びドイツの三大国も、フランスが商法を改正し上場企業に社会的指標の開示を義務付け、イギリスとともにCSR担当閣僚を任命するなど、図表3－3にあるように積極的に関与をしている。

もちろん、欧州委員会及びEU加盟国政府の政策がどの程度実質的影響力を有しているかは外形的な関与や法令の導入だけでは判断できない。しかし、い

図表3－3 イギリス、フランス、ドイツにおける政府の取組み

イギリス
　2000年　年金法を改正し、運用受託者にCSRの考慮と議決権行使の基本方針の公開を義務化
　2001年　CSR担当大臣を設置（貿易産業省閣外大臣）
　2003年　企業責任法案（情報開示、ステークホルダーとの協議等の義務付け）を国会で審議（廃案）

フランス
　2001年　会社法を改正し、上場企業に財務・環境・社会的側面の情報開示を義務付け
　　　　　CSR担当大臣を任命（企業統治：経済財政産業大臣、雇用社会：社会労働大臣、環境：環境持続可能な発展大臣）

ドイツ
　年金制度を改正し、年金運用受託者に、倫理・社会・環境への配慮についての報告書公開を義務付け

（出所）　経済産業省 企業の社会的責任に関する懇談会第一回会合資料「企業の社会的責任（CSR）を取り巻く現状について」2004年4月

ずれにせよ政府の関与の色が濃いことは、日米と比べて特徴的である。

■ **NGO寄りの姿勢を鮮明にする欧州議会**

　欧州委員会と同様にCSRについて活発な活動を展開しているのが欧州議会である。各国の直接選挙で選ばれる議員で構成される欧州議会の動きは欧州委員会との主導権争いという政治的動機による部分も少なくないが、議会はNGO寄りで企業に対して批判的な立場を鮮明にすることによって欧州委員会との意見の相異を際だたせている。図表3－4に欧州議会が行ったCSRに関する58項目に上る決議項目の中からいくつかを取り出した。

3.3 大企業がリードする産業界

　ヨーロッパの産業界の中でCSRに対する違和感を最も直截に表明しているのは中小企業団体だ。ある中小企業団体の関係者は私に「大半が家族経営であるヨーロッパの中小企業にCSRなどナンセンス。」と語った。もちろん、ヨーロッパの中小企業の中には地域社会を支える重要な役割を果たしている企業が少なくない。しかし、家族経営の企業にステークホルダーというコンセプトは馴染まないし、情報開示や格付などは負担が過大との考えである。欧州委員会が主催したマルチステークホルダー・フォーラム報告書は中小企業の役割の重要性を強調する一方で、図表3－5のとおり中小企業に関する留保がちりばめられており、賛否両論の議論がなされたことが伺える。

　産業界でCSRを牽引しているのは一部大企業である。大手メーカーやスーパーやデパートが調達条件にCSRを採用することを通じてCSRが広く産業界に伝播している。例えば、高級ブランドのグッチやフランスを代表する百貨店プランタンを傘下におさめるフランスPPRグループは全サプライヤーに従業員の労働環境に関する行動規範と質問状を送付し協力を求めている。CSRを

図表3－4　欧州議会CSR決議（2002年）の概要（抜粋）

1. 行動規範及び社会報告書について
―欧州委員会は企業活動の社会的影響に関する報告書を義務づける指令を提案すべき。
―社会・環境報告書は企業の組織全体、サプライチェーン、ビジネスパートナーも含み、かつ第三者に監査されるべき。
―欧州委員会は社会ラベルに関する提案をすべき。内容には最低でも人権、労働組合の権利、労働環境、従業員の教育訓練、機会均等、周辺地域社会の従業員と市民への配慮が含まれるべき。
―全ての個人年金基金が倫理方針を宣言するべき。
2. ステークホルダーの役割
―欧州労使協議会指令の次期改正の際には企業が労使協議会に企業の環境社会影響についての情報提供をすることを義務づけるべき。
―ステークホルダーとの対話と少数株主の権利を強化するためにEUレベルの企業統治ルールの修正を追求すべき。
3. 欧州委員会の政策の中心への統合
―通商政策、共通外交安全保障政策等の幅広い政策分野にCSRを組み込むべき。
―オランダ政府による輸出信用供与の条件としてOCED多国籍企業ガイドライン遵守を企業に課す決定を歓迎。欧州委員会は同様の措置を幅広い分野で行うべき。
4. 第三国との関係におけるCSR
―欧州委員会はヨーロッパ企業のグローバルな行動の枠組みの法的基礎をつくるための提案を緊急にすべき。
―欧州委員会は中核的労働基準と国際的な社会統治の推進をEUの対外政策の全ての領域に適用し、特に労働、社会基準の項目を全ての国際的合意に含めるべき。

（出所）"European Parliament resolution on the Commission Green Paper on Promoting a European Framework for Corporate Social Responsibility" 2002

3.3 大企業がリードする産業界

図表3－5　マルチステークホルダー・フォーラム報告中に見える中小企業に関する留保

―CSRの便益がはっきりしていたとしても中小企業にはCSRを実践するだけの資源がないかもしれない。もしくはCSR以外の、より差し迫り競合する優先事項のためCSRは実行されないかもしれない。

―中小企業はCSRを発展させるだけの技能、資源、経験に欠いているかもしれない。

―CSRに取り組んでいる中小企業の動機、実態の把握、CSRを行っていない中小企業へのCSR促進方法などについて理解が必要である。しかし、知られているのは大企業の経験が中心であるため、十分な分析や勧告ができていない。

―より多くの中小企業のCSRへの関与を得るためには、中業企業を巡る様々な状況と能力に応じて取り組めるようにする必要がある。

（資料）　マルチステークホルダー・フォーラム報告書2004年

牽引する企業の例として、CSRの普及のために活動するCSRヨーロッパのメンバー企業の一覧を図表3－6に示した。

　ヨーロッパ産業界のCSRに対する見解を概観する際には一つ注意を要する。既存の大きな産業団体とCSRに取り組む個別の企業の間には温度差があることである。UNICE(欧州産業連盟)はヨーロッパの36経済団体を束ねる日本経団連に相当する組織であるが、産業界の自主性を理由として欧州委員会が関与するマルチステークホルダー・フォーラムの設置に強く反対した。結局、UNICEの主張は通らなかったが、1600万社に及ぶ企業を代表する組織としては仕方のない対応だったのだろう。UNICEの立場はヨーロッパの一面であるが、政府関係者は「個々の企業に聞けば随分ちがった反応が返ってくる。」と漏らしていた。ヨーロッパの政策決定過程において、産業団体はロビーの主体として重要な役割を果たす。日米に比べても産業団体の位置付けは大きい。CSRの方向性を決して行く過程でヨーロッパの産業団体がどの程度の影響力

第3章 ヨーロッパのCSRは誰が牽引しているのか

図表3-6 CSRヨーロッパ参加企業

（出所）CSRヨーロッパウェブサイト
　　　http://www.csreurope.org/membership/default.aspx

を発揮できるか、今後の展開は興味深い。

3.4 政策エキスパートのNGO

■政府から資金支援を受けるNGO

　NGOへの社会的信任の高さはヨーロッパの特徴の一つである。

3.4 政策エキスパートのNGO

　アメリカ・シカゴに本社を置くPR会社エデルマン・ワールドワイド社の「コーポレート・ガバナンス・スタディ」（2002年7月10日）に企業、政府、NGO、マスコミの4種類の組織について、「正しいことをしていると信頼できるかどうか」という点について調べた調査がある。「まったく信頼できない」を1点、「大変信頼できる」を9点として、9段階で評価してもらうというものである。この中で6点から9点、つまり「信頼できる」よりの評価をした人のパーセンテージをアメリカとヨーロッパで比較しているのだが、これによるとアメリカと比べて、ヨーロッパでは企業、政府、マスコミへの信頼が低い一方でNGOを信頼する人の割合だけがアメリカよりも高い。

　アメリカにおいては企業については40％、政府は36％の人が「信頼できる」と答えているのに対して、ヨーロッパでは企業29％、政府18％。企業では11％、政府については18％ヨーロッパはアメリカを大きく下回っている。

　「マスコミが信頼できる」と答えた人はアメリカ20％、ヨーロッパ19％で、1％の差ではあるが、これもアメリカのほうが多いという結果が出ている。

　それに対して、「NGOが信頼できる」と答えた人はアメリカ32％、ヨーロッパ34％。NGOに関してのみ、アメリカよりもヨーロッパのほうが2％ポイント多いのだ。ヨーロッパのCSRにおいてNGOが主要な役割を演じる背景である。

　ヨーロッパのNGO、特にブラッセルで政策立案に影響力を及ぼすNGOにはある程度共通した特徴がある。最も顕著なことはNGOが政策決定過程に公式に組み込まれていることである。彼らの活動の中で政策分析、提案が占める割合は高く、政党とのつながりも強い。環境の個別規制分野で影響力が強いEEB（European Environment Bureau）はその典型だ。この背景には政府の姿勢とNGO自体の構造の双方がある。

　NGOの収入構造は必ずしも透明ではないが、ヨーロッパのNGO、特にブラッセルで活動するNGOの中には収入の一定の割合を補助金や委託研究などの形で政府に依存するものもある。EEBの2003年の収入の51.4％が欧州委員会、35.6％は加盟国政府によって賄われている（図表3-7）。合計すればEEBは活動資金の9割近くを政府資金に依存している。政府依存は環境NGOに限った

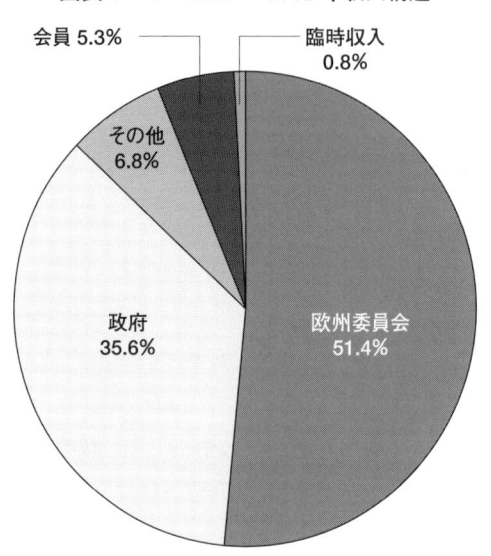

図表 3 − 7　EEB の 2003 年収入構造

会員 5.3%
臨時収入 0.8%
その他 6.8%
政府 35.6%
欧州委員会 51.4%

（出所）EEB "Annual Report 2003 and Plans for 2004"

話ではない。世界的大企業を会員として抱えビジネス界を代表して CSR を推進する NGO である CSR ヨーロッパでさえ財政収入の 30% は欧州委員会からの補助金によって賄われている[9]。

　NGO の政府依存という姿は日本から見ると違和感があるかもしれない。しかし、ヨーロッパの NGO は、政府からの補助は中立的な資金であり、大企業の財団から資金援助を受けるよりも好ましいと考えている。

■ NGO を必要とする欧州委員会

　一方、欧州委員会は NGO の参加を政策立案に必要なものと考えている。政

---

9) CSR ヨーロッパウェブサイト参照
http://www.csrEurope.org/aboutus/FAQ/#funding

策の影響調査をNGOに委託することが多いのもそのためである。図表3－8のようにEEBは欧州理事会、欧州委員会等の「諮問機関」として位置付けられている。EUの環境規制草案に関するヒアリングの際には必ずNGOが呼ばれるが、EEBを含め環境NGOが欧州委員会草案を支持することはまずない。大半の場合、提案は手緩いと批判し厳格な内容に修正することを求める。時として産業界と環境NGOが共同して欧州委員会提案に反対することさえある。私も環境NGO数団体とWEEE指令（116〜122ページ）の一部内容に反対する共同意見書を作成した経験がある。NGOは欧州委員会にとって常に手強い批判勢力である。

　もっとも、政策立案過程にNGOの参加を認めているからといって欧州委員会が開明的であるとは必ずしも言い切れない。欧州委員会は加盟国政府の上に立つ「政府の政府」であり、構造的に民主的正当性に弱みがある。EUに対する「民主主義の赤字」批判は、EUの政策形成の過程に議会などの民主的代表機関の関与が不十分であり政治的統制が十分及ばないとの批判である。欧州委員会の政策対象がリサイクルなど市民生活に直結する内容まで立ち入ってきた

図表3－8　EEBの機能及び機構

諮問機関としての役割を以下の組織に対して有している ・欧州理事会 ・欧州委員会、欧州議会 ・EU経済社会理事会 ・OECD ・国連持続的開発委員会
メンバーシップ 31カ国から143機関 環境問題、自然保護を扱うNGO

（出所）　EEB "Annual Report 2003 and Plans for 2004"

近年、批判は一層強まり、EU憲法条約の中で各機関の統治方式に修正が加えられるに至っている。

欧州委員会がNGOを自らの民主的正当性の弱みを補う道具として使っている面があることは否定できない。欧州委員会がNGOの意見を求める際、どこまで形式なのか実質なのかはケースによって様々である。形だけの意見陳述機会を与えておいて「幅広い市民社会との意見調整を行った」と欧州委員会が胸を張る例もある。

実際、EEB、社会系NGOを代表するソーシャル・プラットフォーム（The Platform of European Social NGOs（Social Platform））及び欧州労働組合連盟（The European Trade Union Confederation（ETUC））の3団体はバローゾ欧州委員会委員長に宛てた2005年1月の共同書簡の中で「意味ある参加型民主主義に向けての計画を策定し、NGOと労働組合が関連する全ての政策決定過程に十分に参加できるようすべき」ことを求めている[10]。

■ NGOの多層構造

NGOの構造も同様に影響している。先ほど例に挙げたEEBを見てみよう。EEBの会員は各国の環境NGOである。EEBはヨーロッパ各国の環境NGOの上に立つ「NGOのNGO」であり、メンバーのNGOを代表してEUの政策に影響を及ぼすことが存在意義である。

欧州委員会が「政府の政府」であるのと同様の重層的構造を有している。環境規制に関するロビイングを行う際、EEBとの意見交換は欧州議会の緑の党のポジションを予見する上でも欠かせない。産業ロビイストであった私はEEBのスタッフと会う機会が多かったが、彼らは現場の活動家というよりもむしろ政策のプロであり、また、各国NGOの意見の調整役、欧州議会に対す

---

10) EEBウェブサイト参照　http://www.eeb.org/activities/sustainable_development/letter-barroso-%20etuc-eeb-platform-110105.pdf

るロビイストであった。

　社会分野でも、マルチステークホルダー・フォーラム参加 NGO の中でも重みのある存在であるソーシャル・プラットフォームの場合、約 40 に上る社会分野の NGO がその会員となっている[11]。児童の権利を擁護する団体、反貧困団体、身体障害者団体、専業主婦団体、ホームレス支援団体、反人種差別団体、赤十字、メンタルヘルスの団体、高齢者団体、ボランティア団体など多種多様な NGO を代表する NGO である。さらに、会員がそれぞれその傘下に各国別の会員 NGO を抱えていることもある。このような多層構造は一種の濾過器的な働きをする。EU レベルでの NGO の活動の色彩が純粋政策的なものとなり「草の根運動」的印象を希薄にしている。

3.5　CSR はヨーロッパの陰謀か？

■根強いヨーロッパ陰謀説

　ヨーロッパ陰謀説、CSR の本当の目的は産業競争力向上にあるという見方である。日本のみならずアメリカでも根強い。例えば、このような議論を聞くことは少なくない。「人権や環境は口実で実は域内産業を守りたいだけだ。」、「ヨーロッパ企業だけが CSR をやれば不利になる。それで日本企業も巻き込みたいのだ。」、「CSR はヨーロッパ産業の世界標準戦略だ。」等々。陰謀とまでは言わなくても、どこか胡散臭いものを感じている人は多い。

　たしかに、例えば標準について見れば、ヨーロッパは自らの技術を世界標準とすることに秀でている。携帯電話は典型例だ。日本以外のほとんど全ての国でヨーロッパ規格の GSM は使用可能であり、事実上の世界標準となっている。

---

11)　ソーシャルプラットフォームウェブサイト参照
　　http://www.socialplatform.org/code/en/abou.asp?Page=107

第3章　ヨーロッパのCSRは誰が牽引しているのか

自らの技術が世界標準になれば技術開発コストが節約でき商品も迅速に投入できる。ヨーロッパの産業競争力を支える一つの要素であろう。昨年ISOがCSRガイドライン策定を決めた背後にヨーロッパの暗躍があったと考える向きも多い。

近年矢継ぎ早に出された製品環境規制や産業界が児童労働が使われていないことを調達条件に付する動きが途上国からの輸入を抑える方向に働く可能性は否定できない。途上国政府はCSRがヨーロッパ市場への輸出の障害になる可能性を懸念している。しかし、仮にヨーロッパの社会、環境規制や標準がヨーロッパの産業に有利に作用するとしても、だからといって規制や標準が産業競争力強化のために作られたと考えるのはいささか短絡的である。ヨーロッパ陰謀説を検証するためには、環境規制や社会規制がつくられる過程を見る必要がある。

■強い環境、雇用社会総局

政策作りの現場を見てみよう。リサイクルや製品中に使われる物質の規制に責任を負っているのは欧州委員会の環境総局（日本の環境省に相当）である。CSRについては雇用社会総局（厚生労働省に相当）と企業総局（経済産業省に相当）が共同で取り組んでいる。いずれも企業総局は企業の立場に立ち、ヨーロッパの産業競争力の観点から意見を述べる。しかし、環境総局や雇用社会総局に比べ産業競争力に責任を負う企業総局の影響力は限定的だ。

日本で電気電子製品や自動車のリサイクル行政に実質的に責任を負っているのは経済産業省である。一方、EUでは企業総局を頼んで環境総局の提案を修正しようとしても大概不成功に終わる。結局、産業界は環境総局に直接働きかけを行うしかない。しかし、話を聞いてくれるかどうかは、担当官のパーソナリティ次第というのが現実だ。物わかりのいい担当に恵まれたとしても技術上の問題に注意を喚起することが限界であり、産業競争力の話を持ち出すことは逆効果でしかない。環境総局へのアクセスが難しいことは、ヨーロッパ企業で

あるか、日本企業、アメリカ企業であるかにかかわらず事情は変わらない。産業界との対話不足はヨーロッパの環境規制が時として現実から乖離して機能不全に陥る理由でもある。

環境当局は、どこの国でも同じだが、産業競争力などには関心を示さない。第5章で詳述するが、昨今次々に提案される新規制にヨーロッパ産業界自体が悲鳴をあげている。CSRについても基本的な事情はあまりかわらない。雇用社会総局主導である。

より高い政治的レベルではどうだろうか。2000年3月、ポルトガルのリスボンでEUの戦略目標が決定された。2010年までに世界で最も競争力のある知識経済となるという目標だ。翌年スウェーデンのヨーテボリでは環境政策を「持続可能な発展」につなげることが目標に追加された。しかし、環境政策が競争力強化政策の手段となったのではない。ヨーテボリの宣言は環境保護と競争力強化の両立を目指したものだ。しかも、政治的宣言が政策の現場をすぐに変えるものでもない。現実には実施コストと政策的便益の比較に十分な配慮が払われず、理念がそのまま法律化されたかのような環境規制が依然として生み出されている。競争力強化と環境保護の政策上の優先順位は、各国首脳が紡ぐ政治的レトリックは別として、あきらかに環境保護が上位にある。

真意を取り違うと対応を誤ることがある。環境規制がヨーロッパ産業の「陰謀」といった根の浅いものと考えれば、外圧や威嚇で潰せるという判断につながる。アメリカが時に犯す間違いである。一つ廃自動車指令の例を挙げよう。指令発効前に販売された車のリサイクル費用も遡及してメーカーに課す同指令案の内容に強く反発したアメリカの自動車メーカーが「義務遡及をそのまま採択したら（欧州司法裁判所に）訴える」と欧州議員の間を回ったという。ある有力議員が顛末を紹介してくれた上で愉快そうに曰く「（指令はそのまま採択されたけど）、いつになったら訴えてくるのかなぁ。彼ら（アメリカの自動車メーカー）はヨーロッパがわかっていない。」

環境や社会のイニシアティブに正面から異を唱える者が直面するのは、環境保護や社会正義への純粋な信念だ。見せかけの壁だと思ってぶつかってもはね

返されてしまう。信念に共感を示すものだけがヨーロッパの政策決定に参加できる。そして、参加が許された者の間で政策の修正がなされるのだ。

■ ISO 規格化へのヨーロッパ産業界の対応

　ヨーロッパは ISO に強い。EU 加盟国が団結して行動する上にアフリカ諸国はヨーロッパに盲目的に追随することが多い。結果として簡単に多数派を形成するのである。その ISO で CSR の規格化が議論されてきた。

　2001 年 4 月、ISO 理事会が CSR の規格化に係るフィージビリティ調査実施を決議したことに端を発する。約 1 年間の COPOLCO（消費者政策委員会）での検討を経て、TMB（技術管理評議会）に設置された CSR 高等諮問委員会で約 2 年間議論が交わされた。2004 年 4 月末にまとめられた報告書及び勧告は大方の予想を裏切りガイドライン策定を求めるものであった[12]。

　同年 6 月に各国のステークホルダー（産業界、労働者、消費者、NGO、政府）が出席した CSR 国際会議では、ステークホルダー別会議のすべてで CSR ガイドライン策定が支持された。日本の産業代表が反対を貫いた会議である。この結論は直後に開催された TMB で正式に決定とされ、2008 年に CSR に関する国際ガイダンス規格が ISO26000 として発行される予定である。

　ヨーロッパの産業代表は CSR 規格の策定に強く反対した。最終的には、途上国がそろって反対から賛成に意見を転換。産業界は CSR の規格化が途上国の不利益となると主張してきただけに、途上国が規格化支持にまわったことで立場を弱くした。日本以外の産業代表が最終投票で賛成に回ったのはこのような情勢を見てのことである。どこの国際機関でも共通した現象であるが、途上国の発言力向上は ISO でも起こりつつある。ある面で ISO は国連化しつつあり、ヨーロッパ産業界の意向に反した決定がなされたのである。

---

12)　森哲郎「ISO 社会的責任（SR）規格はこうなる」日科技連出版社、2004 年「2.2 ISO における CSR 規格化の動向」参照

■産業の視点に偏る日本のヨーロッパ観

　陰謀説はかつて欧州共同体(EC)が1992年を市場統合の目標年として掲げた際の様子を思い起こさせる。日本では政府から産業界、学界にいたるまで日本への影響と対応策で持ちきりになった。市場統合は斜陽化するヨーロッパ産業が生き残りをかけて域内市場を囲い込もうとする動きであると解釈され、日本企業が排除されるのではないかとの懸念が高まったからだ。「要塞ヨーロッパ」説である。実はかくいう私自身、地域統合は競争に敗れた弱者連合の政策であり構造改革を進めることが先決だと考えていた。しかし、実際にヨーロッパに赴任して考えは180度変わった。国内でも今日ではヨーロッパ統合を純経済的図式で説明する人は少ないだろう。アメリカや日本との経済競争のために長年慣れ親しんだ通貨の放棄までするであろうか？

　ヨーロッパ統合は経済現象として説明される部分においても、核となる推進力は血塗られたヨーロッパの歴史である。域内に恒久的な平和をもたらすための様々な仕掛け、ヨーロッパ全体が運命共同体となり国家間の戦争の可能性を根絶するための仕掛けが市場統合である。平和理念を抜きに経済という側面だけではヨーロッパの統合に向けた強固な意思は説明できない。確かに平和が当然のものとなった今日、統合の推進はかつてよりも難しくなっている。しかし、EUは人権や民主主義という普遍的理念を平和の代理変数とすることによって純経済的な観点からは説明困難な東方への拡大を達成した。仮に市場統合が一部で保護主義的効果を持ったとしても、それは結果であって目的ではない。

　ことある毎に日本国内で頭をもたげるヨーロッパ陰謀説は産業の視点のみからヨーロッパを割り切ろうとする癖であり、同時に日本の過剰な自意識の産物でもあるとも言えるかもしれない。どこの国も自らのことを考えるのに忙しい。

3.6 理念としてのCSR

　ヨーロッパの街角で一般市民にCSRを聞いても芳しい反応が得られないだろうことは日本の事情とさして変わらない。むしろ最近では日本のほうがCSRという言葉を見かける頻度は高い。ヨーロッパにおいて、CSRは主に政府、大企業、NGO、研究者等を中心とした知的サークルの概念である。しかし、CSRサークルに身を置く関係者でさえ全員が本心からCSRに賛同しているわけではない。法律で保証された団体交渉権をもつにもかかわらず、いまや数多のNGOと同列にステークホルダーの一つとして扱われる労働組合はCSRを複雑な心境で見ている。NGOの中にも結局は企業の宣伝活動の片棒担ぎで終わるのではないかという懸念を持つ人は少なくない。

　彼らの本音を聞けば違和感や疑問に満ちている。しかし、CSRが指し示す理念に公然と反対することは不可能である。公式には表明されない不満や割り切れなさを押し流すようにしてCSRは進んできた。

　EUは内部に「社会的ヨーロッパ Social Europe」と「リベラルなヨーロッパ Liberal Europe」の思想的対立軸を常に抱えている。「リベラル」という概念はアメリカ政治で使われる際の進歩的という意味とはちがい「アングロサクソン的市場主義」を意味する。「社会的ヨーロッパ」を代表するのがフランス、ドイツであり、「リベラル、すなわち市場主義的ヨーロッパ」を代表するのがイギリスである。もちろん、これは過度な単純化であって現実にはどの国の政治も両派を抱えている。その相対的な発言力の差にすぎない。

　それにしてもCSRを「社会的ヨーロッパ」が生み出したものと見ることはあながち間違っていない。イギリス政府もCSRに非常に熱心だが、労働党政権のイギリスである。社会派と市場派のせめぎ合いの中でCSRが変質ないし後退する可能性を見通すことは容易でない。政治軸の中心が「リベラルなヨーロッパ」に傾けばCSRは省みられなくなるだろうか。もちろん、その可能性は否定できないが、しかし一つ参考になるのはヨーロッパにおける環境派の政

治的影響力である。各国でも欧州議会でも緑の党の退潮は著しく、近年のヨーロッパ政治の特徴の一つとなっている。しかし、これは環境保護に対する関心の低下を意味するのではない。むしろ逆とさえ言える。全ての政党が緑色に染まったのだ。環境保護は党派を超えた共通の政治理念となり、結果として緑の党は他の政党と差がなくなり求心力を失いつつある。欧州議会では社会党の環境重視派と緑の党の見分けは投票行動からはほとんどつかない。「市場派」を代表するクリスチャン・デモクラット(欧州人民党)も反環境の烙印を押されることを強く警戒している。

　CSRについても環境と同じようにヨーロッパが共有する理念に組み込まれ、政治的に裾野の広い概念になっていく可能性はあると私は考えている。市場統合が様々な懐疑論や悲観論や反論にもかかわらず一貫して推進されてきたようにヨーロッパは理念に執拗だ。彼らはCSRとは何かという問いに回答を出すことに多大な努力を傾注しCSRを考え抜こうとしている。ヨーロッパの「ソフトパワー」の一例とも言えよう。

第**4**章

CSRの本質はなにか

どのような行動が社会的に「責任」ある行動なのかは客観的に決まるものではない。企業は自ら判断をしなければならない。当面の利益を犠牲にしなければならない場合は特に難しい。組織が大きければ大きいほど、自己規律の実施も容易ではない。CSRの難しさのエッセンスである。

グローバルなCSRでは、この難しさが途上国の社会状況によって増幅される。政府の関与なしには解決できない問題まで企業の責任として追及される。国際社会で孤立することを避けるためにもステークホルダーとの協力の価値は大きい。

「自社」の観念も再検討しなければならない。業務委託先の労働問題は「自社」の問題として認識すべきだろうか。「自社」として責任をとらなければいけない範囲も判断をしていかなくてはならない。

CSRは企業がこれまで関心を払ってこなかった様々な問題について考えることを求めている。その背景にあるのは、政府の役割の縮小や途上国における政府の機能障害といった構造的問題だ。

4.1 政府の役割の限界

CSRを生んだ大きな要因の一つは政府の限界が認識されたことである。世の中には多種多様な社会問題があり、それぞれが独自の解決方法を必要としている。しかし共通していることは大半の問題が利害の衝突を内包しており、解決のために関係者間の利害調整が必要であることである。自動車騒音の問題について自動車メーカー、運送会社、沿線住民の意見は容易に一致しないであろうし、年金の企業負担割合の引上げについて従業員と経営者の立場はちがうであろう。

伝統的には、そして現在でも多くの場合、政府が利害調整役を演じる。なんらかの社会環境問題が発生するかもしくは予見されるとそれによって被害を被った（もしくは被害を心配する）人々が政府に規制を求める。政府は交錯する利

害を調整しながら規制を策定し、企業は規制を遵守する義務を負う。近年の食品表示、製品リコールに関するスキャンダルは政府規制を企業が守らなかった例である。時に産業界側が自主規制を行うことで問題解決が図られるが、そのような場合でも多くは仲介者としての政府が関与する。

関係者の利害を調整し法令によって権利を制限する政府の機能は今後も重要であるが、他方で政府の限界が近年強く認識されていることも事実である。

ニートと呼ばれる若年失業者に関する問題、デジタル社会での個人情報保護の問題、有害性が疑われている化学物質の使用の問題、外国における児童労働問題、のいずれも政府のみで根本的に解決することは難しい。既に述べたとおり、CSRヨーロッパのダビニョン代表はCSRの起源を失業問題が政府だけでは解決できなくなったことにあるとした。制度的な拘束、時間的な制約、科学的検証の限界、さらに主権の及ぶ地理的外縁などから一国の政府が対応できることには限界がある。社会の複雑化、技術進歩の加速、企業活動のグローバル化の進展は利害調整役としての政府の役割を縮小させ、また、問題の解決策を処方する政府の能力を低下させている。政府が作る法令が現実の変化に追いつくことは決してない。その意味で法令は常に不完全なものであることが宿命付けられているのである。

同時に、経済的自由の観点から政府の役割は積極的に限定される傾向にある。規制緩和、小さな政府への流れは調整役としての政府の機能を市場機能で代替するものである。企業は与えられたより大きな自由度に応じてより大きい社会的責任を引き受けるのである。

4.2 判断と実行の難しさ

■主体的判断を迫られる企業

社会問題の複雑さが政府の限界を明らかにしている。また、規制緩和により

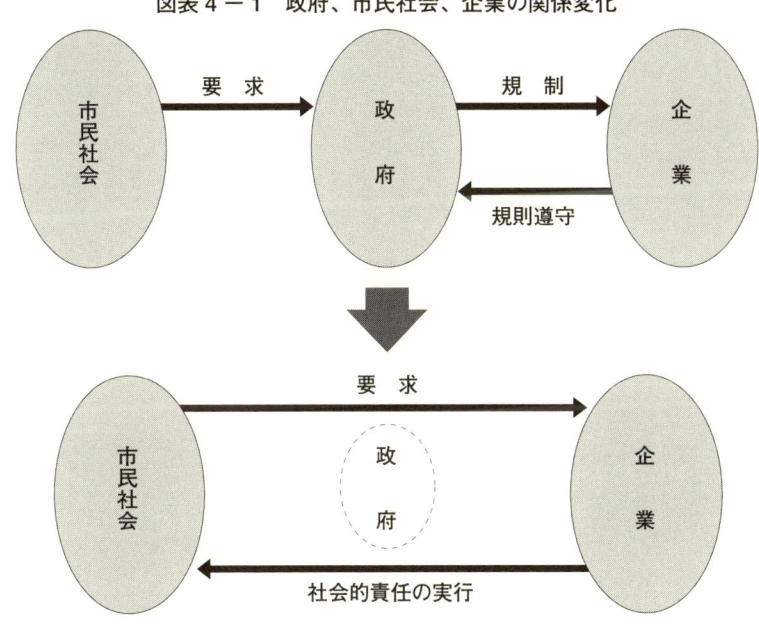

図表4-1　政府、市民社会、企業の関係変化

[図: 上段 — 市民社会 →(要求)→ 政府 →(規制)→ 企業、企業 →(規則遵守)→ 政府。下段 — 市民社会 →(要求)→ 企業、企業 →(社会的責任の実行)→ 市民社会（政府は点線で縮小表示）]

政府の役割が縮小されつつある。その結果、図表4-1のように市民社会は政府を通さず企業に直接問題を提起する。CSRには様々な難しさがあるが、最後に残るエッセンスは法令、規制という制度的合意のない領域で社会的責任を「判断」し「実行」することにある。

―タスマニア原生林のケース

　タスマニアの原生林が破壊的に伐採されているとして、環境保護団体が伐採をしている現地企業からの木材チップの購入を停止するよう、日本企業に働きかけている[13]。環境保護団体は原生林保護の理念を掲げている。一方、伐採に違法性はない。地元の意見は多様であり伐採事業に携わる人々の生活権にも関

---

13)　グリーンピースジャパンウェブサイト参照
　　http://www.greenpeace.or.jp/campaign/forests/tasmania/

係する。伐採が「破壊的」であるかどうかについての合意は存在しない。「持続可能な森林経営」であるという見解もある。さらに、日本企業はチップの一部しか購入していない以上、日本企業だけが取引を停止しても原生林の伐採が中止されるかわからない。

―児童労働のケース

　人権保護団体から自社のサプライチェーンで児童労働がないことを保証するよう要求されるケースがある。自社を超えてサプライヤーの行為の保証を行うことの法的リスクをどう考えるか。また、サプライヤーから宣誓書を出させることも考えられるが、児童労働なしに生活できない実態が厳然と存在する中では形式的責任転嫁にすぎないかもしれない。調達先企業を監査することにコミットする例もあるが、財務的な負担はどの程度になるだろうか。委託生産先での児童労働の事実が不買運動につながった例を考えれば無策のリスクも大きい。

―化学物質使用制限のケース

　環境保護団体からある化学物質の使用を中止するよう要求された。有害性は科学的に立証されておらず、法令上も使用は認められている。代替物質はあるが、高価であり製品価格に影響を及ぼす。顧客からの値下げ要求は厳しく値上げは即座に販売量の減少につながることが予想される。法的に使用が認められている物質を率先して他の物質に代替すべきであろうか。

―肥満原因の食品のケース

　肥満の問題は企業の社会的責任の新しい項目である。食品の加工、テスト、表示などすべての法律上の要請を満たしているにもかかわらず、消費者団体から、より健康的な代替製品を求める圧力は強くなる一方である[14]。欧州委員会は広告規制の導入の可能性に言及している。既に一部の食品メーカーは糖分の

---

14)　Financial Times Asia 2005年2月25日付参照

多い商品を広告宣伝から外すなどの対応をとりつつある。しかし、商品レンジの狭い企業はどのように対応できるだろうか。

どのケースも社内で様々な検討がなされ、ステークホルダーと対話が進められるだろう。ステークホルダーの要求の合理性、要求を拒絶した場合のリスク、要求を受け入れた場合の費用が比較される。さらに、企業イメージへの影響、技術的不確実性など様々な側面から検討が加えられ、方針が決められるだろう。しかし、企業の自由裁量の範囲であえて当面の利益を犠牲にすることは容易でない。

■自己規律を実行にうつす難しさ

話はそれで終わらない。次には、方針の実行という同様に高いハードルが待ち構えている。法規制の遵守は違反時の罰則や社会的制裁という恐怖が梃子になる。しかし、昨今のスキャンダルから明らかなとおり制度的強制でさえ時として機能しない。ましてや、自主的な自己規律を調達や販売の第一線を含め全社的に実行することはさらに難しい。

このような障害を乗り越えるためには経営首脳陣のコミットメントのみならず従業員一人一人に会社の社会的責任に関する価値観が共有されていることが必須の条件となる。現場が「法律違反でないのだからいいではないか」と考えるとすれば、CSRが理解されていない証拠である。もちろん、結果として会社として責任をとる範囲が法令上の義務と重なることはあり得る。肝心なことは主体的に考え、判断を下していくことだ。ステークホルダーとの対話の先には判断と実行というCSRの一番難しい部分が待ち受けている。その意味でCSRは使命感の共有の上に整合的な判断をし行動を展開する企業の組織力を試すものでもある。

4.3 政府の代役としてのグローバル企業

■グローバル企業に求められる公共的役割

　社会問題解決に当たっての政府の限界は、途上国において一層鮮明になる。従来、海外の人権問題や環境問題に対処することは、当事国政府を説得することであった。しかし、最貧国を中心に政策立案に必要な経験や資源がない政府、仮に法令はあっても実施するための行政資源に事欠く政府は多く存在する。いきおい、様々な社会的不満や問題提起が企業、特に先進国企業に向けられることになる。

　その典型例である児童労働は非常に複雑な問題だ。教育制度の問題、親の就業機会、政治的安定など様々な要素が絡んでいる。政府による包括的対応が不可欠である。にもかかわらず、政府を素通りして問題が生のまま一企業の責任に帰される。NGOは当事国政府に対処を要求するよりも名だたる先進国企業に問題を訴えるほうが効果的だと考えるのである。一罰百戒効果であるが、グローバル企業は政府の代役を期待されているとも言える。

　政府の機能が十分に発揮されていない国で社会的に責任ある行動をとることの難しさの一つは他の企業（地元企業であることも外国企業であることもある）が法令遵守さえも行わずにコストを下げて仕事を横取りする可能性である。模範を示すことを期待されるグローバル企業は、他方でNGOどころか政府にも監視されない企業と競争しなければいけない。法律さえ形式と堕している国で法律を超えた社会的責任を問われることの厳しさである。企業は途上国で自らの能力をはるかに超える要求に直面する可能性がある。マルチステークホルダー・フォーラム報告書は途上国におけるCSRについて以下のように述べている。

―途上国でのCSRの成功は、(地元の)政府との協力が必要である。とりわけ、基本的基準を実施する上では政府との協力が欠かせない。ビジネスは政府に代わることはできないからだ。ビジネスにできることは、政府の努力を支援することまでである。

―途上国政府は、一貫した政策をとり、説明責任を果たし、透明性を確保しなければならない。特に社会分野におけるガバナンスの欠如、公的サービスの欠如、基本的な労働監査の欠如などは、(途上国で企業がCSRを進める上の障害であり)、考慮されなければならない。

■政策的役割を与えられたサプライチェーン

途上国の社会、環境問題への対応はサプライチェーンの問題に直結する。利益最大化の要請に応えるべく生み出されたビジネスの世界的ネットワークの襞の中に、今社会的、環境的価値が深く入り込みつつある。

サプライチェーンは最上流の原材料の採掘や栽培にはじまり最終製品が消費者の手に届くまでのモノの流れである。膨大な数の企業が様々な工程や輸送など関連サービスを担当し、最下流には自らのブランドを付して製品を販売する企業と小売業者が位置する。サプライチェーンがグローバル化した基本的理由はコスト削減だ。少しでも安いものを求める消費者の要請に応える企業の努力である。

しかし、出口である消費市場に立ってサプライチェーンの上流を見上げてみると、そこには多くの途上国労働者が恵まれない状況で働いており、様々な環境問題が存在する。消費者や政府は、もし望めば、購買力や規制を梃子にすることによってサプライチェーン中に存在するこのような様々な問題に対して直接的に影響力を行使できる立場にあることに気がついた。大きな発見である。

途上国の経済に占めるグローバル企業の比重が上昇するにつれ、サプライチ

ェーンはヨーロッパが自らの価値観を途上国で実現するための有効な手段となった。ヨーロッパはアメリカと並ぶ大きさとなった市場としての力を梃子にして社会的環境的価値をモノの流れと反対方向に流しはじめたのだ。途上国政府は自国企業に認証の取得などCSRへの取組みを奨励しているが、そうしなければヨーロッパへの輸出が困難になる、グローバル企業の調達先から外されるという危機感によるところが大きい。児童労働がないことを証明しない限り製品は扱わないという百貨店チェーンの存在は、政府間交渉よりも有効に相手方を動かすのかもしれない。

　企業の世界的事業展開が生み出したグローバルサプライチェーンはいまや人権や環境保護をはじめとする価値観を世界に広める導管の役割、いわば公共政策的役割を与えられたと言える。

■政府の民主的正統性の判断を求められるグローバル企業

　過去の南アフリカ政府の人種隔離政策(アパルトヘイト)に協力した欧米企業の責任を追及する動きがある。2002年アメリカの人権擁護団体がIBMをはじめとする大企業20社に対して1994年まで人種隔離政策の遂行に協力したとして、迫害された南アフリカ市民32,000人以上に対する代償支払いを求めた訴訟を起こした[15]。日本企業の子会社も訴訟の対象に含まれている。企業は政府の機能不全を補完する役割を求められるにとどまらず、主権国家に対する協力でさえ時に社会的に無責任な行動して批判されるのである。

　ミャンマーの軍事政権に対する企業の協力も同様の状況下にある。アメリカのある石油会社は1996年に起こされたミャンマー軍事政権の人権抑圧への協力に関する訴訟について2004年に和解することを発表している。また、ミャンマーにて事業を行う日本企業に対しても人権を抑圧する軍事政権を直接もしくは間接に強化するものとしてNGOの批判が向けられている。

---

15) Financial Times Asia 2004年9月13日付 "Apartheid haunts Business" 参照

グローバルな視点でCSRをとらえる時、企業が判断を下していかなければいけない対象は飛躍的に拡大する。

4.4 国際社会から学ぶ

■重要性を増す国際社会とのパートナーシップ

　世界的な構造問題に根をもつ貧困・人権問題に企業が単独で貢献しえる余地は限られている。懸念の対象は児童労働からHIV、汚職問題など加速的に多様化し、いずれの問題にも専門NGOが監視の目を強め、企業に圧力をかけている。誤った対処がもたらすリスクも問題の根の深さに比例して大きい。国際社会の中で孤立することは避けなければならない。ステークホルダーとのパートナーシップによる取組みが強く求められる所以である。世界的コーヒーチェーンのスターバックス社は、2004年にイギリスの人権団体オックスファムと共同で、エチオピアのコーヒー農家の生活条件を改善するプロジェクトを開始している[16]。

　各種ステークホルダーとの連携の中でも国連をはじめとする国際機関との協力は、複雑な国際社会における行動の指針を得る上で企業に大きな助けとなる。国際機関は、NGO、政府とのネットワークや特定の国の主張に偏らない政治的中立性、途上国政府との良好な関係、開発問題に関する長い経験と専門性など、企業が有していないものを多く備えている。欧米企業は既に自社のCSR活動の中に積極的に国際的ガイドラインや国際機関のイニシアティブを取り入れている。既に触れたようにマルチステークホルダー・フォーラムに対するヨーロッパ産業界の警戒心の一つは、既に様々な国際的なガイドラインがあるにもかかわらずEUが新たなガイドラインを作るのではないかというものであっ

---

16) Financial Times Asia 2004年10月14日付 "Starbucks Tastes Oxfam's brew" 参照

た。欧米企業にとってガイドラインとして一義的に重要なものは自社のガイドラインと国際的ガイドラインである。彼らにとってEUといった地域的な単位でのガイドラインは必ずしも歓迎されるものではない。他方、日本の産業界についてはむしろ逆の傾向がある。むしろ国内の指針づくりに関心が高い。しかし、視界不良の国際社会で手探りしながら進まなければいけない企業にとって国際的NGOや各国の政府が参加してつくられた国際的ガイドラインやイニシアティブが有する政治的「正統性」は利用価値が高い。今後日本企業が国際機関との協力連携や国際的ガイドラインの活用にグローバルなCSR推進の方策を見出していくことも増えていくのではないだろうか。

■ 2002年ヨハネスブルグ・サミット

　国連環境開発会議は1992年6月リオデジャネイロで開催され「環境と開発に関するリオ宣言」を発出した。10年後の2002年、持続可能な発展に関する世界首脳会議が南アフリカのヨハネスブルグで開催され図表4－2の内容の「持続可能な発展に関するヨハネスブルグ宣言」に合意した。

　国内では両サミットとともに地球温暖化を中心とする環境問題に関心が集中したが、リオ宣言が「環境と開発」と題され専ら環境問題を取り扱っているのに対し、ヨハネスブルグ宣言は「持続可能な発展」と題されているとおり環境保護と貧困、人権問題が二本の柱となっている。さらに、ヨハネスブルグ宣言は企業の社会的責任に言及し、持続可能な発展の実現に向けた民間部門の貢献を呼びかけた。ヨハネスブルグ宣言の翌年、2003年にフランスのエビアンで開催されたG8サミットで「CSRにおける企業の自主的努力の支持」が合意されているように、ヨハネスブルグ・サミットを境にして貧困人権問題解決に向けた企業の貢献が国際社会のアジェンダとして定着する。しかし、残念ながら国内では議論が喚起されることも強い関心が向けられることもなかった。持続可能な発展の意味を包括的に理解する機会を十分活かすことができなかったのだ。

図表4−2　持続可能な発展に関するヨハネスブルグ宣言のポイント

―人間社会を富める者と貧しい者に分断する深い溝と、先進国と開発途上国との間で絶えず拡大する格差は、世界の繁栄、安全保障及び安定に対する大きな脅威となる。

―グローバリゼーションは、これらの課題に新しい側面を加えた。急速な市場の統合、資本の流動性及び世界中の投資の流れの著しい増加は、持続可能な発展を追求するための新たな課題と機会をもたらした。しかしながら、グローバリゼーションの利益とコストは不公平に分配され、これらの課題に対処するに当たり開発途上国が特別な困難に直面している。

―我々は、大企業も小企業も含めた民間部門が、合法的な活動を追求するに際し、公正で持続可能な地域共同体と社会の発展に貢献する義務があることに同意する。

―我々は、民間部門の企業が透明で安定した規制環境の中で実行されるべき企業の説明責任を強化する必要があることに合意する。

（資料）持続可能な発展に関するヨハネスブルグ宣言

■国連グローバル・コンパクト

アナン国連事務総長が1999年1月ダボスでの世界経済フォーラムで提唱し2000年7月に発足したグローバル・コンパクトは人権、労働、環境の3分野9原則に、2004年に追加された贈賄などの腐敗防止の計10原則に関する遵守について企業の経営者が国連事務総長と契約を結ぶ内容である（図表4−3参照のこと）。これはヨハネスブルグ・サミットを前にした国連の問題意識を明確

図表4−3　グローバル・コンパクトの10原則

「グローバル・コンパクト」は、各企業に対して、それぞれの影響力の及ぶ範囲内で、人権、労働基準、環境に関して、国際的に認められた規範を支持し、実践するよう要請している。

（人権）
原則1. 企業はその影響の及ぶ範囲内で国際的に宣言されている人権の擁護を支持し、尊重する。
原則2. 人権侵害に加担しない。

（労働）
原則3. 組合結成の自由と団体交渉の権利を実効あるものにする。
原則4. あらゆる形態の強制労働を排除する。
原則5. 児童労働を実効的に廃止する。
原則6. 雇用と職業に関する差別を撤廃する。

（環境）
原則7. 環境問題の予防的なアプローチを支持する。
原則8. 環境に関して一層の責任を担うためのイニシアティブをとる。
原則9. 環境にやさしい技術の開発と普及を促進する。

（腐敗防止）
原則10. 強要と賄賂を含むあらゆる形態の腐敗を防止するために取り組む。

（出所）国際連合グローバル・コンパクトウェブサイト
　　　　http://www.unic.or.jp/globalcomp/glo_02.htm

に示している。77カ国から1874企業が参加しているが、2005年1月現在、日本からの参加は28社である。経済規模に比し参加企業数は限定的であるが、同時に国連への報告内容を環境に限定するなど日本企業の環境重視の姿勢はここでも顕著である。

■ OECD 多国籍企業ガイドライン

　OECD の多国籍企業ガイドラインが採択されたのは 1976 年である。企業は国際展開をする過程で必然的に社会的背景が異なる市場におけるプレゼンスを高めていく。1976 年の時点で欧米多国籍企業の活動と途上国社会との軋轢がすでに実感されていたのである。欧米企業の多国籍化がいかに日本企業より先行して行われていたかを物語る。図表 4 − 4 にある OECD ガイドラインは、欧米企業の経験が文章化されたものとも理解できよう。

　ガイドラインを遵守する各国政府の共通の目標は、多国籍企業が経済、環境、社会の進展に対してなし得る積極的貢献を奨励すること、及び多国籍企業の様々な事業によって生じる可能性のある困難を最小限にとどめることにある。

　さらに、ガイドラインは OECD 加盟国の企業が外国で問題を起こした場合、現地のステークホルダーが企業の母国のナショナル・コンタクトポイント(NCP) に調整を依頼できる点で、単なる指針にとどまらないユニークな内容となっている。ガイドラインの下でナショナル・コンタクトポイント(NCP) に提起された事案の例を図表 4 − 5 に挙げた。

　日本では外務省及び経済産業省に NCP が置かれている。私は 1988 年から 2 年間当時の通産省で多国籍企業ガイドラインを含め OECD 全般を担当したが、在任中案件が持ち込まれることはなかった。しかし、最近では制度が活用されている。労働組合の OECD への代表である TUAC（労働組合諮問委員会）は 2004 年に多国籍企業ガイドラインに基づいて各国のコンタクトポイントに提起された問題を公表しているが、中には日本の自動車メーカー 2 社のアジア子会社の労働問題が含まれている。海外の労働組合や NGO が OECD ガイドラインに基づいて日本企業の行為について日本の NCP に申し立てを行うことは今後増加していくだろう。

図表 4 － 4　OECD 多国籍企業ガイドラインの主な勧告

I．定義と原則：自主的な性格、グローバルな適用、あらゆる企業にとってのグッド・プラクティスを反映していることなど、ガイドラインの基盤となる諸原則を規定している。

II．一般的方針：人権、持続可能な開発、サプライチェーン責任、現地の能力構築など、最初の具体的勧告を盛り込んでおり、より一般的には企業が事業活動を行う国で確立されている方針を十分に考慮するよう求めている。

III．情報開示：業績と所有権など企業に関するあらゆる重要事項について情報を開示するよう勧告するとともに、社会、環境、リスクに関する報告など、報告基準がまだしっかりと確立されていない分野における情報開示を奨励している。

IV．雇用・労使関係：児童労働・強制労働、無差別、従業員代表との誠実かつ建設的交渉の権利等、この分野における企業行動の主要な側面について規定している。

V．環境：企業が健康や安全性への影響など環境保護を強化するよう奨励している。本章には、環境管理システムや環境に重大な損害を与える恐れのある場合には予防措置をとるべきことなどに関する勧告が含まれている。

VI．贈賄防止：公務員と民間人による汚職の双方をカバーし、また、収賄、贈賄の両方を取り上げている。

VII．消費者利益：企業が消費者との取引に際して公正な事業・マーケティング・宣伝慣行に従って行動し、消費者のプライバシーを尊重し、提供するモノやサービスの安全性と品質を確保するためにあらゆる妥当な措置を講じるよう勧告している。

VIII．科学技術：多国籍企業が事業を行う国々で研究開発活動の成果を普及させることを促進し、それによって受入国の技術革新能力に貢献することを目指している。

IX．競争：オープンで競争的な事業環境の重要性を強調している。

X．課税：企業に対し、税法の規定と精神を尊重し、税務当局と協力するよう求めている。

（出所）OECD 政策フォーカス No.49　2003 年 12 月
　　　　http://www.oecdtokyo2.org/pdf/policybrief_pdf/pb49.pdf

図表4－5　ガイドラインの下で提起された最近の事例

―インドでの児童労働：
オランダのナショナル・コンタクトポイント（NCP）は、大手スポーツ用品会社のインドにおける外注先で児童労働が行われているとのNGOの申し立てを受け、調査を行った。NCPは、この問題がインドのスポーツ用品業界の中に依然として存在する可能性があるものの、当該会社はインドの外注先に社会的に責任ある仕方で事業を行うよう奨励していると見なした。
―ミャンマーにおける人権：
フランスのNCPは、ミャンマーでの企業活動に関する照会を労働組合から受け、強制労働防止のために企業が採用すべき8つの慣行を勧告した。同時に、これらの慣行は強制労働の廃止に必要な政府措置実施の代用とすべきではないと指摘した。

（出所）OECD政策フォーカス No.49　2003年12月
　　　http://www.oecdtokyo2.org/pdf/policybrief_pdf/pb49.pdf

4.5 「自社」の範囲を問うCSR

■会社の「自己」はどこで終わるのか

　企業にはステークホルダーから様々な問題提起がなされる。しかし、指摘された問題が「自社」の問題と思えないことも多い。CSRが企業に問いかけるもう一つの本質的問題は、「自社」の範囲である。
　企業には多くの調達先があり、また、様々な業務を外注する。コールセンター業務から近年では人事業務など外注の範囲は拡大している。同時に多角化が進み様々な性格の異なる事業を同一経営体の下に抱える企業もある。「自社」

の従業員とはどこまでを言うのだろう。「自社」の環境影響について開示対象はどこまで広げるべきだろうか。図表4－6のように、会社が自己の問題として報告すべき、または責任を負うべき範囲は明確ではない。「バウンダリー（boundary、境界）」の問題である。

マルチステークホルダー・フォーラム報告書もバウンダリー問題について次のような問題を投げかけている。

―バウンダリーは不明確であり、明確にされる必要がある。組織のどの部分が、どの問題に、そしてどの地域で起きた問題に、サプライチェーンの何層まで、責任を負うべきだろうか。

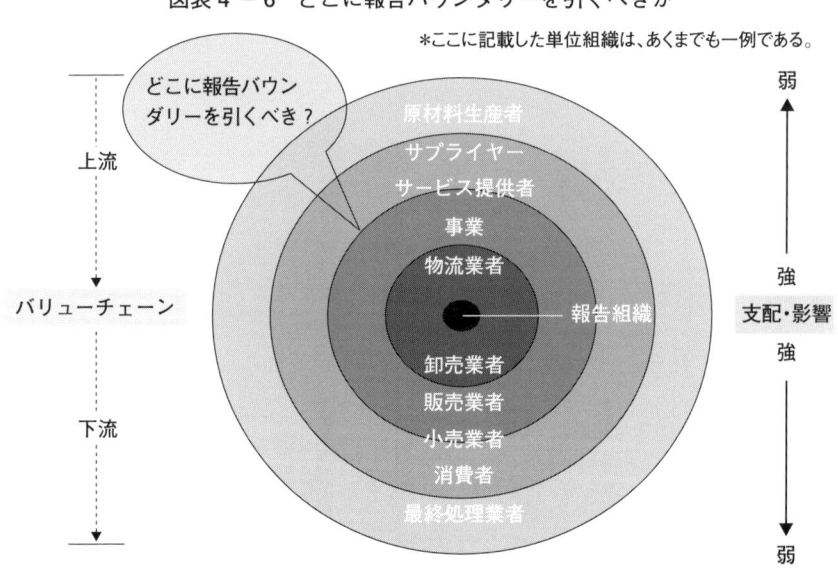

図表4－6　どこに報告バウンダリーを引くべきか

＊ここに記載した単位組織は、あくまでも一例である。

どこに報告バウンダリーを引くべき？

上流
バリューチェーン
下流

原材料生産者
サプライヤー
サービス提供者
事業
物流業者
報告組織
卸売業者
販売業者
小売業者
消費者
最終処理業者

弱
強
支配・影響
強
弱

（出所）GRI「BOUNDARY PROTOCOL」2005年

■ GRIは会社の「境界」をどう設けたか

このような要請に応え、持続可能性報告のガイドラインを策定、普及させることを目的とした国際的プログラムである GRI(Global Reporting Initiative) が報告対象組織の境界についての指針を作成した。GRIは「報告バウンダリー」について次のように述べている。

「組織はそのパフォーマンスを報告する際に、誰が全体的なパフォーマンスに貢献したかについて、数々の疑問に直面する。組織はその報告に合弁企業のパフォーマンスを含めるべきか？ 組織がその製造業務のほとんどを外注している場合は、組織のパフォーマンスに関してどのように報告すべきか？ 組織の実施する建設プロジェクトに関しては、誰が報告の責任を持つか？ 持続可能性報告書の作成に際し、「報告組織」(Reporting Organization)は、報告書に含める単位組織(entity)と除外すべき単位組織を分けるバウンダリー(boundary：報告組織範囲)を設定する必要がある。」

GRIプロトコルの考え方の基本は、2つの基準－「重要性」(significance)及び「支配・重要な影響」(control / significant influence)－に基づきバウンダリーを設定していることにある。

「重要性」とは、「持続可能性に関連した単位組織の重要性のレベル」と定義される。一方、「支配」の考え方は、「ある企業の活動から便益を得られるよう、当該企業の財務方針及び営業方針を左右できる力」としている。「支配」の定義は、国際財務報告基準(IFRS(International Financial Reporting Standards))に準拠しており、報告組織が支配する単位組織は以下のとおりである。

―報告組織自体
―報告組織が直接、間接に50％を超える支配権を有する子会社
―報告組織が直接に、または子会社を通じて間接的に50％以上の支配権を有する合弁会社
―その他、実質的に報告組織が支配を及ぼしていると考えられる組織

また、「重要な影響」は、「ある企業の財務方針及び営業方針の決定に参加できる力があるが、決定を左右することはできない状態」としている。具体的には、
　―報告組織が直接または子会社を通じて間接的に20％超50％以下の支配権を有する関連会社
　―報告組織が有する直接のまたは子会社を通じた支配権は50％未満であるが、業務を支配している合弁会社
はともに報告組織が「重要な影響」を有する単位組織である。
　さらに、持続可能な発展の観点から、以下の企業も報告組織の「重要な影響」下にあると判断される。
　―契約によって報告組織の持続可能性のパフォーマンスに直接影響する一定の業務上の基準が決められている組織
　―報告組織との納入契約が売上の大部分を占める組織
　―報告組織が持続可能性のパフォーマンスについて契約上の義務を課している組織
　―報告組織によって供与された技術ライセンスもしくは製品特許の使用が、当該組織の持続可能性のパフォーマンスの大部分である組織
　実際に報告対象になる単位組織は以下のように決定される。
　図表4－7は、縦軸に持続可能性に関する「重要性」が、横軸に「支配・重要な影響」がとられている。
　支配関係にある単位組織A及びEについては、業務パフォーマンス指標（数値指標）報告の対象となる。「重要な影響」下にある単位組織Bについては、管理パフォーマンス指標（質的な指標）報告の対象となる。「重要な影響」下にある単位組織については、持続可能性に関する「重要性」のレベル、すなわち縦軸の位置の如何をとわず、管理パフォーマンス指標の対象とすべきとされる。一方、報告組織の「支配」を受けず、「重要な影響」下にもない単位組織C及びDについては、持続可能性に関する重要性基準を満たす前者のみが解説的開示の対象となる。結局、図表4－7中の網掛けの部分が報告バウンダリーとなり、最も濃い網の部分が業務パフォーマンス指標（数値指標）報告の対象エリア、

4.5 「自社」の範囲を問う CSR

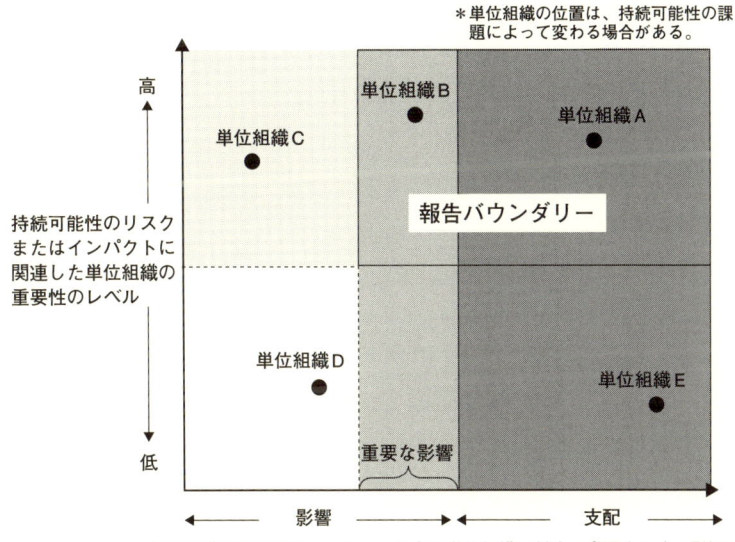

図表4－7　重要性基準と支配・影響基準によるバウンダリーの設定

＊単位組織の位置は、持続可能性の課題によって変わる場合がある。

[図：縦軸「持続可能性のリスクまたはインパクトに関連した単位組織の重要性のレベル」（高／低）、横軸「報告組織がそのバリューチェーン内の単位組織に対する支配もしくは影響の度合」（影響／支配）。単位組織A（右上）、単位組織B（中央上）、単位組織C（左上）、単位組織D（中央下寄り左）、単位組織E（右下）。中央部に「報告バウンダリー」、下部に「重要な影響」と表示。]

（出所）　GRI「BOUNDARY PROTOCOL」2005年

その左側の次に濃い部分が管理パフォーマンス指標（質的な指標）報告の対象エリア、一番左側上段の薄い網掛け部分が解説的開示のエリアである。

■ GRI のバウンダリー設定手順

GRI はバウンダリー設定を以下の手順で行うことを勧めている。
- ステップ1－支配と影響を特定する
  バリューチェーン上の単位組織が、報告組織の支配下にあるか、重要な影響下にあるかを判断する。
- ステップ2－重要性を評価する
  どの単位組織が報告組織のパフォーマンスに重要な影響を及ぼすかを特定する。

- ステップ3－バウンダリーを設定する

様々な指標を勘案した上で報告バウンダリーを設定する。
- ステップ4－バウンダリーを開示する

報告書においてバウンダリーを開示する。

バウンダリーの設定方法を一般的に法則化した内容を図表4－8にまとめた。GRI の示すバウンダリーの整理は、あくまで報告対象の限定であるが、体系

図表4－8　報告バウンダリー設定のルール

1. 持続可能性報告書は、原則として、持続可能性に関する重要な影響を及ぼす単位組織と報告組織が支配するか、重要な影響を及ぼす単位組織の全てを対象とすべきである。
2. 報告対象となる単位組織は、業務パフォーマンス指標もしくは管理パフォーマンス指標、または解説的記述の使用によってカバーできる。
3. 最低でも、報告組織は、以下の単位組織を次のような方法でカバーしなければならない。
    a) 報告組織が支配する単位組織は、業務指標によってカバーされるべき。
    b) 報告組織が重要な影響を及ぼす単位組織は管理指標によってカバーされるべき。
    c) 報告組織の支配下にも重要な影響下にもないが、持続可能性についての重要性を有する単位組織は解説的開示の対象とすべき。
4. 報告組織は、最終的な開示結果に大きな影響を及ぼさない場合、バウンダリー内にある特定の単位組織についてデータを収集しないこともできる。しかし、単位組織は、バウンダリー内の全ての単位組織について勘案した上でパフォーマンスについて合理的でバランスのとれた姿を提示する義務を負う。

(出所) GRI「BOUNDARY PROTOCOL」2005 年

的な考え方であり多くの企業にとって参考になるものだろう。

■ CSRの本当の難しさを受け止める

　背景にある国内外の構造変化に注意を払えばCSRが非常に新しい課題を投げかけていることがわかる。これまでの企業の社会貢献事業の要請とは多分に異質である。CSRを理解するためには現代の社会を理解しなければいけない。政府と企業の役割分担の変化や途上国の社会的ガバナンス問題の企業活動への直接的波及といった社会構造的な文脈を抜きにCSRを単に「ルールを守ること、誠実であること」といったとらえ方をしてしまうと、本質を見失う。CSRの本当の難しさを正面から受け止めることが必要だ。それは社会を洞察することであり、同時に会社の価値観、組織の一体性、外部に与える影響など、会社そのものを考えることに他ならない。

第5章

ヨーロッパの
新しい環境戦略

法令遵守とCSRの関係はグローバルな視点から見ると複雑な様相を呈する。ある特定の国だけで適用される厳しい環境規制を企業は他国においても自主的に実践するべきだろうか。先進国の安全性基準を満たさない製品を途上国で販売することは、CSR上どのように考えればよいのだろう。NGOは企業にグローバルに統一された方針を求めている。国によって異なる規制水準への対応はグローバルなCSR上の難問だ。

独自の政策理念に基づきリサイクル、危険物質使用制限、化学物質管理、遺伝子組換食品規制等世界一厳しい規制を続々と生み出すEUに対する関心が急速に高まっている一つの背景だ。

5.1 環境規制を生み出すEUの行政メカニズム

■超国家組織EUの構造

EUの「首都」ブラッセルでは1万人を超えるロビイストが活動しており、その数は近年急激に増えている。ブラッセルがワシントンと並び立つロビー都市となった直接の理由は、EUが環境、安全等企業活動に影響する法令を矢継ぎ早に発表していることである。しかし、同時にEUの組織や権限の改変がロビー活動の空間を拡げていることも見逃してはいけない。

EUはマーストリヒト条約が1993年に発効して成立した。その後、内政の強化が話し合われ新欧州連合条約がオランダのアムステルダムで1997年に調印された。同条約は1999年に発効し欧州議会の権限強化をもたらした。それまで欧州議会は予算の審査、法案の諮問機関程度の権限しか有していなかった。しかし、今や環境問題や消費者保護など様々な分野の立法に関して欧州議会は欧州閣僚理事会と並ぶ役割が与えられた。これらの改革により、産業界、NGOの双方にとって欧州議会への働きかけが重要となったのである。

先にEUのエリート主義的傾向を指摘したが、「官僚独裁」という表現まで

時に使われるほど、欧州委員会の力は強い。一方、各国の直接選挙によって議員が選出される欧州議会は自らを民主的正統性に欠ける欧州委員会に対峙する民主主義の砦と位置付けている。日本では政府・与党対野党が政治的対立軸であるが、EUでは欧州委員会対欧州議会が一つの対立軸となる。すなわち、欧州委員会にとって欧州議会は総野党のようなものである（図表5－1）。

　欧州議会の影響力の急速な上昇はロビイストにとって利用価値が大きい。なぜならば、「総野党」の欧州議会は最大政党、クリスチャン・デモクラットの流れをくむ欧州人民党（EPP：European People's Party（ただし名前から受ける印象とは異なり中道右派の政党））も含めて欧州委員会の提案を修正することに強い意欲を示すからだ。欧州委員会が聞き入れてくれなかった意見を議会の審議で法案に反映するのである。

　当然ながら議会に働きかけるのは産業界だけではない。法案の内容に応じてNGO、労働組合など全ての利害関係者がフランスのストラスブールとベルギーのブラッセルの２箇所にあるヨーロッパ現代建築の議事堂に集結する。党議拘束のない欧州議会では議員を一人一人説得していく必要がある。私達は自分たちの修正案を提案してくれる議員を探し、可能な限り多くの議員の支持を得るために奔走する攻めのロビイングと同時に、NGOが緑の党の議員などを通して提出する修正案の問題点を説いてまわる守りのロビイングにも追われることになった。

　いずれにせよ、日本の産業界の意見に耳を傾けてくれる欧州議員の存在は貴重であり、議員本人及び片腕となる政策秘書と日頃よりコミュニケーションをとっておく必要がある。また、選挙費用が公費で賄われることもあり、欧州議員と産業界はお互いに一定の距離をおいて接する。議員は産業界の意見の是非を政策論として評価する。欧州議会へのロビイングとは政策論議であり、政策に関するアイデアの自由競争を利害関係者が議会を舞台に繰り広げるのである。

　超国家組織としての性格の故に、EUの法令には加盟国法との関係、強制力などに応じて幾つか異なる類型が用意されている。最も強い強制力を持つ法令のタイプが「規制」（regulation）と呼ばれEU市民に直接適用される。一方、

5.1 環境規制を生み出す EU の行政メカニズム

図表 5 － 1　EU の機構

```
                    欧州理事会
                   （各国首相）

                                    （立法府）

      （司法府）      （行政府）       閣僚理事会
                                      各国大臣
     欧州司法裁判所    欧州委員会
                   欧州委員：25 名
                   各種総局（DG）

                                      欧州議会
                                   欧州議員：732 名
```

（出所）　NEC 資料

閣僚理事会（Council of the EU）
・EU の決定機関 　　環境を含む多くの分野で欧州議会と共同決定 ・環境、競争力、経済財政など分野毎の 25 カ国担当閣僚の集まり 　　多くの案件については、理事会事務局（加盟国政府のブラッセル在駐職員）及び加盟国 EU 代表大使会議によって事実上決定されている ・環境を含む多くの分野の案件について、特定多数決で決定 　　25 カ国全 321 票中 232 票で可決
欧州委員会（European Commission）
・EU の執行機関 　　各加盟国から一人ずつ選出され、委員数は 25（任期 5 年）、日本の閣僚に相当 ・各委員の下に総局（日本の省庁に相当）が置かれている ・政策・法案の提案権限を有する 　　いわゆる各種指令、規則等はすべて欧州委員会が起草・提案

> 欧州議会（European Parliament）
> ・EUの諮問・共同決定機関
> 　　EUの意思決定プロセスに民主的な位置付けを与える観点から、近年権能が拡大
> 　　従来は諮問機関であったが、現在は環境を含む多くの分野で理事会と共同決定権を有する
> 　　NGOや産業団体等によるロビイングの主戦場
> ・議員数は732人（任期5年）
> 　　直接選挙で各加盟国から選出（議席数は人口比配分）

各国の自由裁量権を一定程度容認している法令が「指令」（directive）である。加盟国は指令が成立した後一定期限内に自国法に反映させる義務を負っているが、指令と矛盾しない限り国内事情を反映することが認められている。他にも強制力を持たない「勧告」（recommendation）や、特定の分野のみに直接強制力を持つ「決定」（decision）などがある。

■ EUの法案成立過程

　EUの法案成立過程において、法案提出権（right of initiative）は行政府である欧州委員会が独占している。欧州議員は法案提出権を持たない。欧州委員会の総局（日本の省庁に相当）が草案作りを担当するが大きな法案でも起草する担当官は数名だ。彼らの裁量は大きく、欧州議会における審議でも日本の省庁で言えば課長補佐、係長クラスの担当官が議員の質問に直接答えることがある。ロビー活動の成功も担当官を説得できるかどうかに大きく左右される。

　欧州委員会の提案は、欧州議会第一読会→閣僚理事会→欧州議会第二読会→閣僚理事会→調停と議会と加盟国代表の集まりである閣僚理事会の間でキャッチボールのようにやりとりされながら修正されていく。

　ただし、この過程でも欧州委員会は公式、非公式に影響力を行使する。特に議会第二読会の修正案を閣僚理事会が認める場合、欧州委員会が賛成する修

正については通常の特定多数決で足りるが、欧州委員会が反対する修正については閣僚理事会の全会一致の賛成が必要である[17]。したがって、産業団体が議会を通じて法案修正を図る場合でも欧州委員会担当との連絡は欠かせない。JBCEが提案したある修正案が議会の第一読会で賛成多数で可決された翌週、私は欧州委員会に呼ばれた。担当は議会の採択した修正案に対して妥協案を探っていたのだ。後に閣僚理事会と欧州議会が最終的に合意した修正案は、その場で欧州委員会担当と議論した内容そのままであった。法案策定経緯の詳細を図表5－2にまとめた。

図表5－2　欧州連合における法案成立過程

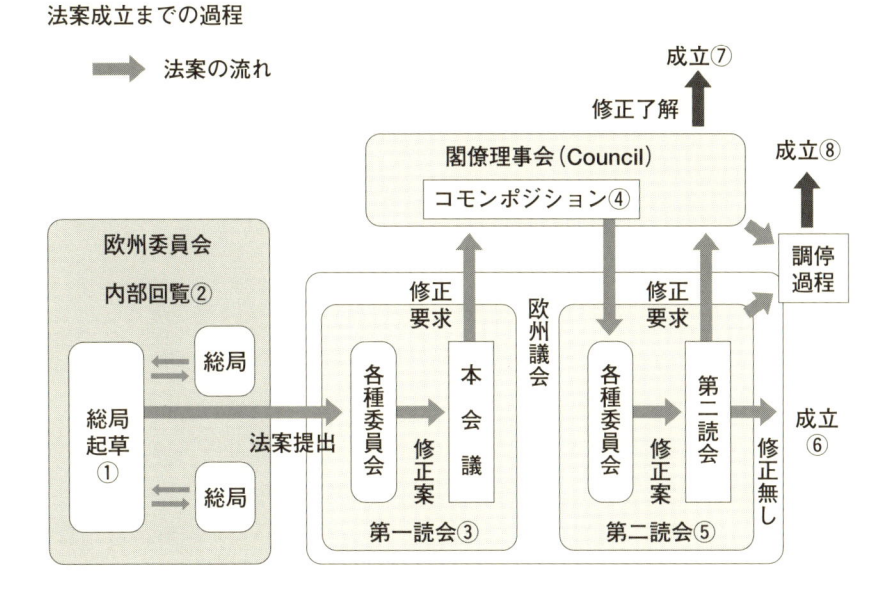

法案成立までの過程

➡ 法案の流れ

---

17) K. ヨース、F. ヴォルデンベルガー「EUにおけるロビー活動」2005年、72ページ

① 欧州連合における法律は、行政府である欧州委員会の担当総局（日本の省にあたる）が起草する。
② 起草された法案は、欧州委員会の他の総局に内部回覧される。内部回覧で、各総局からの意見を反映させながら、欧州委員会は、欧州議会及び閣僚理事会に提出する法案の最終版を練り上げる。
③ 欧州委員会から法案が提出されると、原則として法案は欧州委員会の手から離れ、欧州議会と閣僚理事会の間で法案を修正、成立させる過程に入る。欧州議会の第一読会で採択された修正案は、閣僚理事会に『修正要求』として提出される。
④ 閣僚理事会は、議会から送られてきた『修正要求』を一項目ずつ審議し、受け入れるかどうか検討する。この結果を『コモン・ポジション（共同の立場）』という名前で採択し、欧州議会に送り返す。
⑤ この時点で、議会は第二読会に入る。第一読会と同じプロセスを経て、本会議で修正案の採択をする。
⑥ もし閣僚理事会のコモン・ポジションに議会側に異論がなかった場合は法案は自動的に成立する。
⑦ 第二読会で採択された修正案は再度、閣僚理事会に『修正要求』として提出される。もし閣僚理事会がこの修正要求に同意した場合、そのままこの法案は成立する。
⑧ しかし、再度閣僚理事会がこの『修正要求』全てに応じなかった場合は調停過程に入る。閣僚理事会と欧州議会から少数の代表が選ばれ妥協案が練られる。なお、調停案が閣僚理事会、欧州議会のいずれかで否決された場合は法案は廃案となる。

（出所）NEC資料

5.2 EU 環境安全規制の特徴と枠組み

■世界一厳しい規制を生み出す予防原則とリスク管理

　EU の環境安全政策の底流にある考え方が予防原則（Precautionary Principle）だ。EU は 2000 年 12 月に以下の決議を採択している。
　―健康・環境に悪影響がある可能性が確認されつつも、入手可能なデータに基づく予備的な科学的評価からはリスクに関する決定的な結論が得られない場合に予防原則に基づく措置を適用する。予防原則に基づく措置は、
・必要な保護レベルに見合った措置であること
・適用が差別的でないこと、最小の制限措置が望ましい
・措置をとった場合ととらない場合の費用・便益を勘案
・新しい科学的データに照らして見直す
・より包括的なリスク評価を行うために必要な科学的証拠を得る責任を製造者にも課すことができる

とした。
　環境に関する予防原則が国際的に認知されたのは 1992 年のリオ宣言第 15 原則である。「環境を保護するために、各国はそれぞれの能力に応じて予防的取組方法（precautionary approach）を広く適用しなければならない。深刻な、あるいは不可逆的な損害が発生するおそれがある場合、完全な科学的確実性の欠如が環境悪化を防止するために費用対効果の高い措置をとることを延期する理由とされてはならない。」同原則は 2002 年のヨハネスブルグ・サミットで再確認されている。
　WTO（世界貿易機関）協定は環境に関しては予防原則に関する明確な規定を有していない。しかし、食品安全の分野では WTO 協定の一部をなすＳＰＳ協定（衛生と植物防疫措置の適用に関する協定）が「関連する科学的証拠が不十分な場合」には「入手可能な適切な情報に基づき」暫定的措置を採用することを

認めている。また、生物多様性条約の締約国間で2003年に発効したカルタヘナ議定書の前文には科学的に確実ではない場合であっても生物多様性の喪失を回避する措置をとることを否定しないとの規定がある。

　予防原則と並ぶEU政策の特徴は「リスク評価」と「リスク管理」の峻別である。リスク管理とはリスク評価により特定されたリスクを規制、管理、制御することである。リスクの評価と管理の分離の考え方は科学的評価が人に感染することはないとしていた狂牛病が1996年、ヒトのクロイツフェルト・ヤコブ病と関連する可能性が示唆された狂牛病危機を契機として取り入れられた。予防原則が適用される場合、科学的評価によってリスクが不確実な場合でも予防的に措置が講じられることになる。したがって、科学的に証明されていない「リスク」も存在を示す信頼に足る根拠があればリスク管理の対象となる。広く世間の耳目を集めた例としては、狂牛病に起因するイギリス産牛肉の輸出禁止措置とアメリカ、カナダの成長ホルモン投与牛の輸入禁止措置がある。さらに後（123〜130ページ）に取り上げる新化学物質規制（REACH）の案も同じ範疇に入るだろう。イギリス産牛肉輸出禁止措置はEU内で禍根を残し、ホルモン牛の輸入禁止はWTO協定違反とされ、REACHは現在世界的に物議をかもしている。様々な摩擦や困難にもかかわらず、予防原則と評価、管理の分離は世界一厳しい規制を生み出してきた。今後もこの方向に変化はないだろう。

■第6次環境行動計画

　EUは環境安全規制の分野での新しい政策潮流の開拓者であるが、特筆されるべきことは、長い時間をかけ議論を深めながら大方針が決められることである。電気電子機器リサイクル指令のアイデアも10年以上の議論を経ている。2010年までのEU環境政策の方針を規定している文書が第6次環境行動計画である。

　──4つの優先分野
　①気候変動、②自然と生物多様性、③環境と健康（中心は化学物質対策）、④

天然資源と廃棄物の4つが優先分野とされている。4大優先分野の中でも日本の産業界が強い関心を寄せているのが化学物質対策とリサイクルなどの廃棄物問題である。それぞれの内容を見てみる。

―化学物質対策

化学物質が健康と環境に重大な悪影響を及ぼさないような方法で製造・使用されることを一世代以内(2020年まで)に達成する。そのため、危険な化学物質は、より安全な化学物質か化学物質を使わない安全な技術へ代替する。

―天然資源と廃棄物(リサイクル、リユース等)

廃棄物処理場へ送られる廃棄物及び有害な廃棄物の量を大幅に削減する。そのため製品、部品の再利用を促進するとともに、以下の措置をとる。

・廃棄物のリスクを可能な限り低減
・製品中からの部品等の回収とリサイクルに重点を置き廃棄を最小化
・廃棄物は、廃棄物処理における効率が低下しない限り、できるだけ近い場所に廃棄

■ヨーロッパ規制の影響をグローバルにした統合製品政策

　IPP(Integrated Product Policy、統合製品政策)は、1990年代半ばからヨーロッパで提唱されてきた製品の環境性能向上に向けた政策概念である。ライフサイクル全般を通じて製品に関与する関係者(設計者、製造者、流通、消費者、政府等)を対象とする政策を導入し、製品の環境性能の向上を目指すものである。

　1998年に環境総局が発表したIPPに関する報告書は製品のライフサイクルを通じた環境への悪影響に注目し、環境対策の範囲を、従来の工場を対象とした汚染物質排出規制等から製品自体へ広げることを提唱した。工場規制であればEU域内に工場を持たない企業には関係がない。しかし、IPP報告書によって明確にされた工場から製品への環境規制対象の重点の移動こそEUの環境規制がグローバルな影響力を持つに至った原動力である。

　製品に関する環境規制は、製造地がEUの中であるか外であるかにかかわら

ず適用される。EU市場に輸出を望む全ての企業にEU規制の遵守が求められる。さらに、企業にとってEU向けに製品設計を専用化することは多くの場合合理的ではない。結局、EU規制が世界中で販売される製品に適用されることになる。

2003年に欧州委員会が発表したIPPに関するコミュニケーションには以下の4つの原則が掲げられたが、いずれも近年のEU環境政策の基調となっている。

・ライフサイクル・シンキング(Life-Cycle Thinking)
・ステークホルダーの関与
・継続的な環境性能の向上
・政府調達や税制等も含む各種の政策ツールの必要性

5.3 リサイクル及び有害物質使用制限規制

■ WEEE指令及びRoHS指令の特徴

廃電気電子機器に関する指令(以下「WEEE指令」)(DIRECTIVE on Waste Electrical and Electronic Equipment)及び電気電子機器に含まれる特定有害物質の使用制限に関する指令(以下「RoHS指令」)(DIRECTIVE on the Restriction of the use of certain Hazardous Substances in Electrical and Electronic Equipment)の双子の指令は、世界中の企業に大きな影響を与えている。さらに、アメリカのカリフォルニア州が州法の中にRoHS指令をそのまま取り入れたのをはじめ、中国などいくつかの国も同様の規制の導入を検討するなど新しい規制潮流として世界を席捲している。欧州発の政策版グローバルスタンダードの一つである。

WEEE指令及びRoHS指令に見られる欧州環境規制の問題点は以下のようにまとめることができる。

・高水準の義務:リサイクル技術が確立していないプラスチックを主体に構

成されている製品にも60%を超えるリサイクル目標を設定するなど技術的現実が十分勘案されない。
- 社会的費用の軽視：小型玩具や電動歯ブラシから医療機器まで含む広範な品目を対象としている。特に、小型機器のリサイクルの環境上のメリットが社会的費用を上回るかどうかは疑問である。
- 不十分な科学的検証：科学的にリスクが証明されていない物質も使用が禁止される。
- 製造者責任の徹底：リサイクルに関する費用負担は原則すべて製造者（輸入品に関しては輸入者）が負う。
- 政策間の不整合：電気電子機器以外の用途が大半である鉛を他用途での使用は容認したまま電子電気機器に限って使用を禁止している。

■ヨーロッパ産業界の反応とJBCEの成功

　WEEE及びRoHS両指令案の厳しい内容についてヨーロッパの産業界は強く反発した。図表5－3に経緯と今後のスケジュールをまとめたが、両指令の成立過程では様々な産業団体、NGOがロビー合戦を繰り広げた。中小企業団体も猛烈なロビー攻勢をかけ、欧州議会において中小企業特例を設ける修正案が提案されたが、「環境保護の義務に大企業、中小企業の別はない」、「中小企業に例外を認めることは競争条件を不公平にする」という意見の前に圧倒されるだけの結果に終わった。また、一部のヨーロッパ企業は、日本企業を引き合いに出し、鉛使用禁止は製品無鉛化技術で先行する日本企業を利するだけだという議論を展開したが、これも「日本の企業の例は鉛が技術的に代替できる証拠ではないか」と逆に緑の党のみならず産業寄りの欧州人民党の議員にさえ一蹴されるだけであった。

　一方、JBCE（在欧日系ビジネス協議会）は、鉛使用禁止の例外用途やリサイクルの際の分離処理の例外規定を勝ち取るなど顕著な成果をあげることができた。JBCEは両指令について最も成功裏にロビーを展開した団体の一つと言っ

図表5－3　WEEE 及び RoHS 両指令の経緯と今後のスケジュール

- 2000 年 6 月：欧州委員会による指令案の提案
- 2001 年 5 月：議会第一読会意見
- 2001 年 12 月：理事会コモンポジション
- 2002 年 4 月：議会決定（第二読会）
― 理事会が同決定を承認せず、調停プロセスへ
- 2002 年 10 月 10 日：調停委員会において最終合意
- 2002 年 11 月 8 日：調停テキスト承認
- 2002 年 12 月 16 ～ 20 日：理事会で採択
- 2002 年 12 月 18 日：欧州議会で採択
- 2003 年 2 月 13 日：官報告示
- 2004 年 8 月 13 日：同日までに各国実施法整備
- 2005 年 8 月 13 日：同日までに生産者義務の開始（WEEE）
- 2006 年 7 月 1 日：同日以降上市される機器に RoHS が適用
- 2006 年 12 月 31 日：同日までに目標再生率等達成（WEEE）

て差し支えないと思うが、その背景には日本企業の環境意識、環境技術の水準の高さが幅広いヨーロッパ政策関係者に評価されていた事実がある。日本企業の環境保護へのコミットメントを前面に押し出して修正要求の数も絞り込む方法が功を奏し、多くの欧州議員と信頼関係を築くことができた。「日本企業が不可能と言うなら、本当にできないのだろう」というわけだ。アメリカ企業は反環境イメージを払拭するのに苦労したが、日本企業は環境課題への率先した取組みを通じてヨーロッパの政策決定にも影響力を持つことができたのである。

5.4 世界一厳しいリサイクル規制WEEE指令の概要

■対象機器

図表5-4に示したカテゴリーに入り、交流1000V、直流1500Vを超えない電圧範囲で使用するよう設計された製品(ほぼ全ての電気電子機器)が指令の対象となる。

■分別回収・処理

加盟国は、2005年8月13日までに、WEEEと一般廃棄物の分別回収を消費者の負担なしに行うシステムを構築する義務を負っている。具体的には以下の項目である。
―最終消費者、流通業者が廃電気電子機器を無償で返却できるシステムを構築

図表5-4　WEEE対象機器

―カテゴリー1：大型家電
―カテゴリー2：小型家電
―カテゴリー3：IT・通信関連機器
―カテゴリー4：AV関連機器
―カテゴリー5：照明関連器具
―カテゴリー6：電動工具（大型固定産業機械は対象外）
―カテゴリー7：玩具
―カテゴリー8：医療機器
―カテゴリー9：監視装置・制御機器
―カテゴリー10：自動販売機
・部品や消耗品は製品の一部として廃棄される場合のみ対象

―流通業者は新製品を供給する際、消費者の廃電気電子機器を無償で引き取る
――一般家庭からの回収目標：年間一人当たり 4kg（2006 年末までに達成）

　一方、生産者は独自にまたは共同で廃電気電子機器のリサイクル処理システムを構築しなければならない。その際、機器に含まれる液体の除去とプリント基板、CRT、臭素系難燃剤含有プラスチックなどを裁断処理する前に分離しなければならないなどの義務が規定されている。

■再生（Recovery）

　生産者は図表 5 － 5 にある機器毎の目標再生率と再使用・リサイクル率を 2006 年末までに達成しなければならない。なお、再生率にはエネルギーリカバリー分が含まれる。

■一般家庭からの廃電気電子機器の費用負担

　生産者は 2005 年 8 月 13 日以後に上市された自社製品について回収施設以降の廃電気電子機器の回収・処理・リサイクル・廃棄等の費用を負担する義務を

図表 5 － 5　機器別のリサイクル目標

―カテゴリー 1（大型家電）、カテゴリー 10（自動販売機）：80%（再生率）／75%（再使用・リサイクル率）
―カテゴリー 2（小型家電）、カテゴリー 5（照明器具）、カテゴリー 6（電動工具）、カテゴリー 7（玩具）、カテゴリー 9（監視装置・制御機器）：70%／50%
―カテゴリー 3（IT・通信）、カテゴリー 4（AV）：75%／65%
―ガス放電ランプ：N.A.／80%　（目標再生率は設定されていない）
　なお、医療機器は目標再生／再使用・リサイクル率の設定はない

負っている。加えて、以下のように保証、マーキング等の規定がある。
—製品の上市の際、生産者は保証金を提供し、製品にマーキングをしなければならない。なお、保証金の提供とは、例えばリサイクル保険、銀行封鎖勘定、廃電気電子機器管理費用負担スキームへの参加等である。
— 2005 年 8 月 13 日以前に上市された製品の廃棄物(Historical Waste)のリサイクル費用は生産者間で公平に負担される(マーケットシェア等に基づく)。
—指令発効から 8 年間(大型家電については 10 年間)は、処理等に要する費用を消費者に提示できる。

　ヨーロッパ的な政策の作られ方の例として保証金のマーキングの問題は格好の題材である。WEEE 指令上保証金制度は加盟国毎に運営されるため、指令を文字どおり読めば製品がフランスからベルギーなど EU 内の加盟国国境を越えて移動するたびに企業は新たに保証を提供しマーキングを貼り替えることを求められる可能性がある。域内市場を一体として製品流通管理を行っている企業にとって、製品が各国国境を越える毎に包装を解いてマーキングしなおすことは膨大なコストとなる。本問題に最初に気づいたのは冷蔵庫など白物家電の業界団体である CECED (European Committee of Domestic Equipment Manufacturers)であった。ただし、各団体のロビーはそれぞれの優先順位があり、この問題は当初 CECED 以外の団体は大きく扱わず、CECED の修正提案は議会でも受け入れられなかった。しかし、一旦指令が成立し各企業が準備に入ると深刻さがクローズアップされる。CECED に加え JBCE、電子情報機器の産業団体である EICTA (European Industry Association for Information Systems, Communication Technologies and Consumer Electronics)などの団体が共同で欧州委員会に様々な働きかけを行った。環境総局はお手上げといった感じであったが、欧州委員会のリーガルサービスが製品サービスの域内自由流通の原則に基づき産業界の見解にそった解釈を打ち出した。しかし、指令の拘束的解釈権は欧州司法裁判所のみが有し、欧州委員会の指令解釈は加盟国を拘束しない。結局問題はあやふやなままとなった。実際に問題が発生し企業が

第 5 章 ヨーロッパの新しい環境戦略

当該加盟国を欧州司法裁判所に訴えてはじめてシロクロがつくことになる。走りながら考えるヨーロッパ流の対処であるが、このような法的不安定性は、何をやればよいかはっきりしている国内の規制環境に慣れた日本企業にとってフラストレーションの原因となっている。

5.5 世界中の電子機器に影響を与える RoHS 指令の概要

■対象機器

RoHS 指令の対象となる機器は図表 5 - 6 のように WEEE 指令対象機器のうちカテゴリー 8 の医療機器及びカテゴリー 9 の監視装置・制御機器を除くものである。ただし、RoHS 指令の対象から外れた両カテゴリーについては将来別途の指令が策定され、その中で対処されることになっている。

■使用が制限される物質

2006 年 7 月 1 日以後に上市される対象製品は、鉛、水銀、カドミウム、六

図表 5 - 6　RoHS 指令対象機器

- ―WEEE 指令のカテゴリーのうち、1：大型家電、2：小型家電、3：IT・通信関連機器、4：AV 関連機器、5：照明関連器具、6：電動工具、7：玩具、10：自動販売機、電球及び家庭用照明器具
- ・医療機器、監視装置・制御機器については、今後、別途の指令が作成される予定
- ・2006 年 7 月 1 日以前に上市された機器の修理用スペアパーツ及び機器の再使用には適用されない

価クロム、PBB（polybrominated biphenyls）、PBDE（polybrominated diphenyl ethers）の6物質を含有してはいけない。ただし、高融点はんだ、CRTガラス中の鉛等一部の用途について適用除外が盛り込まれている。

5.6 政策を180度転換した新化学物質規制案

■化学物質規制見直しの経緯

　化学品の登録、評価、認可及び制限に関する規制案（Proposal for a Regulation concerning the Registration, Evaluation, Authorisation and Restrictions of Chemicals、以下「REACH」）は2003年10月に欧州委員会から提案された。化学物質規制の見直しの発端は図表5－7のように1998年の理事会決定にさかのぼり、その後5年の歳月をかけて欧州委員会提案に至っている。ヨーロッパの環境政策が長い検討期間を経て形成される例である。

　欧州委員会提案後は閣僚理事会下の専門家会合で審議が行われてきているものの、欧州議会においては欧州議会選挙が2004年6月に行われたこと、また本規制案による影響評価調査が不十分との指摘を受けて行った追加的調査の結果を待ったため、暫く本格的な審議に入らない状況にあったが、ようやく2005年初めより審議が本格化した状況にある。

　本規制案は、化学業界のみならず電機・機械・自動車等の幅広い化学品ユーザー業界にも大きな影響を与えると見込まれる。英、独、仏の3首脳が欧州委員会委員長に対して本規則案をより現実的なものとするよう迫ったほか、EU域外の企業にも大きな影響を与えることが予見されることから国際的にも懸念が高まっている。米国通商代表（USTR）及び日本の経済産業省が内容の再検討を迫る書簡を欧州委員会に送付するなど、通商摩擦につながる可能性もある。

図表5－7　化学物質規制見直しの経緯

- 1998年4月、広く利用されている「既存化学物質」（1981年時点でEU市場に流通していた化学物質で10万種に及ぶ）の安全性が十分確認されていないことに対する消費者の不安等を背景に、非公式環境理事会で、化学品政策の再評価、年内の理事会への結果報告が決定された。
- これが化学物質規制見直し議論の明確な発端となり、欧州委員会が具体的な政策提案の検討に入った。
- 2001年2月、欧州委員会が「今後の化学品政策の戦略に関する白書」を発表、化学物質規制をより効率的、効果的に行い、人の健康及び環境の保護に寄与することを目的に、従来の化学品の規制制度を抜本的に見直すことを提案した。
　　具体的な方策として、REACH（Registration, Evaluation and Authorisation of Chemicals）システムを提唱。
- 2003年10月、欧州委員会が化学品の登録、評価、認可及び制限（REACH）に関するEU規則案を採択した。

■「既存化学物質」の問題

　REACHの内容は非常に革新的であり、これまでの化学物質管理政策の大転換である。世の中には10万種類にのぼる化学物質がリスク評価を受けないまま販売、使用されている。先進各国はそれぞれで、またOECDなどの国際的な枠組みの下でこのような「既存化学物質」のリスク評価を進めてきたが、実態は遅々として進んでいない。背景には様々な理由がある。圧倒的多数の「既存物質」は過去何十年、何百年も使われてきていながら特段の問題が報告されておらず、時間的切迫感が伴わない。また、産業界にとってみれば、リスクが認められない限り製造販売が続けられる以上、政府が実施するリスク評価に協力する動機も強くない。

すでに見たとおりEUは2002年7月に採択した第6次環境行動計画において「化学物質が健康と環境に重大な悪影響を及ぼさないような方法で製造・使用されることを一世代以内(2020年まで)に達成する。」ことを謳っている。REACHはこの方針を実現する手段として考案された。

化学物質に関する安全性の証明責任は基本的に政府が負ってきた。特に過去から綿々と製造販売されてきた「既存化学物質」については政府がリスクの存在を立証しない限り企業は自由に製造販売できるのが原則である。REACHの革新性は第一にリスクの立証責任を産業界に転嫁するという180度の方針転換であり、第二に企業がリスク評価を怠れば物質の製造販売を禁ずるという強い強制力である。具体的には、図表5－8のような登録、評価、認可の義務が提案されている。

5.7 REACHの革新性と歪み

■リスク評価結果の共有問題

REACHの影響は、例えて言えば特許がない時代に世界中でEUだけが特許制度を導入するに相当するものがある。このような政策体系の急激な転換には歪みが伴いがちであるが、それはREACHにも当てはまる。

歪みの一つの例は、リスク評価結果の共有の問題である。政府が行うリスク評価の結果は公共財であり誰もが無料で入手使用できる。しかし、REACHの下で行われるリスク評価は個別の企業が自ら費用負担をして行うため、評価結果には排他的所有権が与えられる。

A社が物質Wのリスク評価を行ったとする。その後B社も同じ物質Wの製造販売に乗り出すことを決めた。もしB社がA社のリスク評価結果を無料で入手できるとしたら、最初にリスク評価を行ったA社はリスク評価の費用を負担した分競争上不利になる。後続企業のただ乗りを許すことは避けなければな

図表 5 - 8　REACH に基づく登録、評価、認可の概要

事業者当たり年間 1 トン以上製造・輸入される化学物質に対し、登録を義務付け（さらに、10 トン以上の物質については、化学安全評価を義務付け）（登録）
―安全評価等を行う義務を、従来の加盟国政府から産業界へ移行
―必要な場合、成形品（article）の製造・輸入者に対しても成形品に含まれる化学物質の登録・通知を義務付け
―必要な場合、川下ユーザーにも安全評価等を義務付け

・既存化学物質についての登録期限
―事業者当たり年間生産・輸入量 1 トン以上の発がん性、変異原性、生殖毒性がある物質（CMR）：本規制施行後 3 年以内
―事業者当たり年間生産・輸入量 1000 トン以上：3 年以内
―同 100 トン以上：6 年以内
―同 1 トン以上：11 年以内

・加盟国当局が登録内容を評価し、登録者に追加の試験や情報の提出を要求（評価）
・発がん性物質など懸念の大きな物質について、個別用途毎の認可制度を導入（製造・使用者等がリスクが極めて小さいこと等を証明できない限り、上市・使用を禁止）（認可）

らない。つまり、B 社は独自に物質Wのリスク評価を行わなければならず、同一の物質のリスク評価が繰り返されることになる。特に問題となるのが動物実験である。リスク評価には動物実験が必要となることが多い。ヨーロッパ市民の動物実験への抵抗感は強く、政府としても動物実験が繰り返されることは避ける必要がある。

欧州委員会は複数の企業が共同でリスク評価を実施できる枠組の創設と、動物実験が求められる物質について既にリスク評価が実施されている場合、動物

実験データの企業間の共有を義務づけることで対処した。したがって、後発企業は既に動物試験データを有している企業とデータの対価等の交渉をする必要がある。しかし、実施にあたっては様々な障害が想定される。まず、データの対価は先行した企業が有利につけることができる点が挙げられる。価格交渉がまとまらなかった場合、価格はリスク評価の費用の半額とする規定があるが、これは先行してリスク評価を行った企業に大きな利潤がころがりこむ可能性を秘めている。もちろんリスク評価で先行した企業が常に便益を受けるわけではない。リスク評価のデータには企業秘密が直接、間接に含まれることもある。先行企業はこのような情報まで他企業と共有することを強いられる可能性がある。

また、グローバルに見ると、EU以外の各国政府が行った無料のリスク評価結果とREACHに基づき企業が実施した有料のリスク評価結果が混在することになる。このような矛盾、複雑さは、EUのREACHとEU以外の国の化学物質評価政策の整合性がないことに起因するだけに解決は難しい。

■ REACHがもたらす通商問題

もう一つの歪みの例は、通商上の問題である。化学メーカーにとどまらず日本の広い産業に直接的影響を及ぼす。EUが最も恐れていることは、REACHの義務を回避するために化学産業が域外に逃げ出すことである。このような事態を避けるためにも、REACHは海外からEU内に輸入される化学物質にもEU内で製造される物質と同様の義務を課している。さらに、EUに輸入される電気製品や自動車などの「成形品」中の化学物質にも一定の規制を課している。

REACHは「成形品」に関して、使用段階で化学物質が放出され、かつ、放出される物質が有害である場合、成形品の輸入の際に製品に含まれる化学物質に登録義務を課している。また、意図的な化学物質の放出でなくても、使用中に放出される、或いはその恐れがあることを製造・輸入者が知っており、それが人の健康・環境に悪影響を与える可能性がある場合には通知義務が課せられ

ている。すなわち EU 域外の電子機器や自動車等の成形品メーカーは EU 域内の化学メーカーと同様の義務を負う可能性があるのである。

■成形品中の物質の登録・通知義務の概要

・成形品の製造・輸入者は、以下の場合、成形品中に含まれる物質を化学品庁に登録

成形品中の物質が、
(1) 事業者当たり、成形品のタイプ毎に、年間合計1トンを超え
(2)「危険な物質の分類、包装及び表示に関する指令（67/548/EEC）」における「危険」の基準に該当し、
(3) 通常の、あるいは合理的に予見できる条件での使用中に、意図的に成形品から放出される場合

　また、以下の場合は、化学品庁に製造・輸入者名、物質名、登録番号、分類、成型品の使用形態、量のレベルを通知
(1)、(2) に加えて、
—意図的でなくても、通常の、あるいは合理的に予見できる条件での使用中に放出される、あるいはその恐れがあることを、製造・輸入者が知っている、あるいは知らされた場合
—その放出量が人の健康・環境に悪影響を与える可能性がある場合

5.8 ヨーロッパ産業界の反応

■ヨーロッパ化学産業のロビー戦略の修正とポリマーの取扱い

　REACH に対して欧州化学工業会（CEFIC）は猛烈な反対キャンペーンを繰り

広げた。英、独、仏の3首脳も産業政策の観点から欧州委員会委員長に対してREACHの規制内容をより現実的なものとするよう迫った。しかし、結局、欧州委員会原案は基本的な変更を受けることなく採択され欧州議会及び理事会に送付されている。今後の議会及び理事会における議論においてもREACHの基本骨格が変更される可能性は低いと見るのが一般的である。化学産業は伝統的にヨーロッパの主力産業であり政治的な力も強い。しかしその利益と真っ向から衝突する規制提案が大きな修正を受けずに提案されている事実はEUにおける政策決定の特徴をよく表す。

　欧州化学工業会は依然としてREACHに反対しているが、実際のところREACHが廃案になる可能性はないと判断しており[18]、採択時期を遅らせる方策を含めたより現実的なロビー戦術をとりはじめている。外国企業との競争上の不利を補えるような修正を施していくこともその一つである。このような例の一つがポリマーの取扱いだ。ポリマーはモノマーと呼ばれる化学物質が鎖状に連なった物質である。欧州委員会原案ではポリマー自体にもリスク評価の義務がかかっていたが、最終提案からはこの義務が削除された。欧州化学メーカーの意向を受け、図表5-9のようにポリマーを構成するモノマーについてリスク評価がされていれば、ポリマー自体のリスク評価は不要となったのである。EU域内では、全てのモノマーは販売される時点でリスク評価されるので、ポリマー事業者がモノマーに関する情報を取得するのは容易であり、この修正はEU域内でポリマーを製造する企業にとって負担の純減である。しかし、EU域外でポリマーを生産しEUに輸出する企業にとっては逆に負担が劇的に増大する。一種類のポリマーを輸出するために、構成する全てのモノマーのリスク評価を実施しなければいけないからである。規制の細部のあり方が企業の競争力に大きく影響する例である。

---

[18] 一例として日刊工業新聞2005年3月8日付参照

図表 5 − 9　登録（Registration）内容とポリマーの扱い

- 化学物質の製造者は、年間 1 トン以上生産する化学物質について、また輸入者は、年間 1 トン以上輸入する化学物質（物質自体あるいは調剤に含まれる形として）について、欧州化学品庁（将来設立予定）に登録
- ポリマーの製造者は、ポリマーに構成要素として 2% 以上含まれ、年間 1 トンに達する未登録モノマー及びその他の化学物質を登録
─構成要素のモノマーが対象であり、残留モノマーではない点に留意が必要

■ヨーロッパ環境規制と CSR

　REACH が最終的にどのような内容で採用されるかは予断を許さない。しかし、仮に基本骨格が維持された場合、EU 市場に化学物質輸出を輸出するための規制遵守が企業にとって大きな負担となることは間違いない。同時に難しい問題は、EU 以外の市場で販売をする際の対応である。リスク評価を実施するのは EU 向けの物質に限るべきであろうか。それとも、他の市場に輸出・販売する物質についても一定の安全評価を自主的に実行すべきだろうか。これは規制遵守の問題ではない。社会的責任の問題である。

　同様のことは RoHS についても言える。RoHS 規制に相当する規制がない国向けに鉛や水銀を含む製品を引き続き製造することは CSR の観点からどのように判断すべきだろうか。NGO から企業の姿勢として矛盾していると糾弾された場合はどう対処すべきだろうか。法令遵守の問題はグローバルな視点から見たとき、CSR の問題に直結するのである。

第6章

競争力を向上させるCSR

前章までCSRを会社と社会の相互作用の観点から見てきた。本章では企業の競争力にCSRが持つ意味を考える。図表6－1にあるとおり機関投資家、アナリストの多くが社会・環境面でのリスク管理が長期的企業価値にプラスに働くと考えている。私も同様にCSRは企業の競争力向上に寄与すると考えている。CSRへの取組みを通じて特に人的資本の力、組織の力、そしてグローバルな事業を最適化する力を強めることが可能である。ただし、CSRへの取組みが企業競争力につながる道筋はあらかじめ明確なものではない。競争力向上につながるかどうかはCSRの取組み方に大きく依存する。固定観念にとらわれず、人事制度、ブランド力、グローバルな事業展開のあり方など事業全般について再検討していくことが必要だ。

図表6－1　CSRに対する機関投資家及びアナリストの意識（ヨーロッパ）

あなたの経験に基づくと、社会・環境面でのリスクマネジメントはどのように影響を及ぼしますか

短期的な企業価値に対して

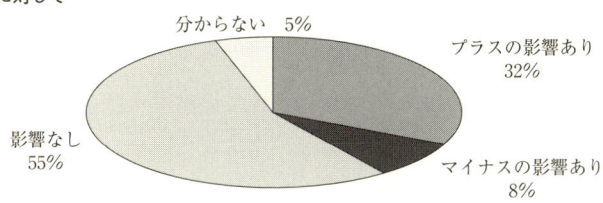

- プラスの影響あり 32%
- マイナスの影響あり 8%
- 影響なし 55%
- 分からない 5%

長期的な企業価値に対して

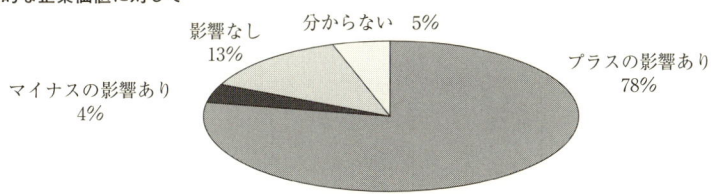

- プラスの影響あり 78%
- マイナスの影響あり 4%
- 影響なし 13%
- 分からない 5%

（備考）　欧州9ヶ国388人のファンドマネージャー及びアナリストを対象としたアンケート調査。
（原出所）　CSR Europe「Investing in Responsible Business」
（出所）　経済産業省平成16年版通商白書

6.1 CSRを通じた人材力の向上

■終身雇用制度とCSR

　従業員はCSRの重要なステークホルダーである。マルチステークホルダー・フォーラム報告書は従業員を内部のステークホルダーと位置付けた上で次のように述べている。

> ―適切なステークホルダーとの対話は企業のCSRに付加価値を加えるものである。（ステークホルダーの中で）従業員は企業の一部であるので、従業員及び従業員代表の役割及び彼らとの対話に特別な注意を払うことが重要である。
> ―専門性があり士気の高い従業員を企業に引き付け、引きとどめることは、CSRの促進要因である。

　キヤノンやトヨタなど終身雇用を守る企業が注目を浴びている。しかし、このことは逆に日本でいかに終身雇用が例外的存在となったかを物語る。多くの企業が終身雇用制度と決別したにもかかわらず、終身雇用の記憶がもたらす「日本企業は従業員に優しい」という心地よいイメージから抜け出せない。

　すでに見たようにドイツの研究機関ウーコムは電子電機産業について、リストラへの備えを行っていないことを批判している。無責任なリストラは日本企業の格付けを下げた要因だ。また、日本企業については意思決定が上意下達であるなどの問題が指摘されることもある。一方、対照的に国内では「日本的経営」があるのだからわざわざCSRなどと言い立てる必要はないという意見も聞かれる。日本企業の従業員本位はどこまで実際のものなのだろうか。

　日本的経営は時に人本主義などと呼ばれることもある。その特徴はステーク

ホルダーとしての従業員を株主や債権者といった他のステークホルダーよりも上位に置くことにある。日本的経営論が華やかかりしころ日本型の対極にあるとされたのが株主本位のアメリカ型経営であった。当時のアメリカ経済は不振を極めており、アメリカ型経営モデルは短期的利益追求に偏り長期的成長を犠牲にするとして批判の対象となっていた。一方終身雇用制度は日本型経営モデルの中核的要素として世界的に賞賛を集めた。

日本企業の終身雇用制度は経営学の研究の対象として多くの分析がなされているが、概ね以下のような理解が一般的であろう。

—戦前の日本には終身雇用制度に相当するものは存在しておらず、むしろ極めてアメリカ的な流動的雇用慣行が一般的であった。

—戦後日本経済が急速に復旧する過程で慢性的人手不足が発生し企業は人材を囲い込む必要にかられた。

—高度成長が継続し毎年の採用人数が増加を続けた結果、若い従業員の人数が多く年齢が高くなるほど従業員数が少ないピラミッド型の従業員構造ができあがった。

—若い頃給与を低く抑え職業人生の後半以降賃金を実質生産性よりも高く設定する年功序列型賃金を採用することによって、企業は総賃金費用を低く抑えることができた。また、組織が継続的に拡大するため年配者のポスト不足も起こらなかった。

—同時に年功序列型賃金と年配者に対するポスト上の手厚い処遇により離職のインセンティブは極めて低いものになった。会社が成長する限りいつかは報われるという期待は従業員の献身的貢献をもたらした。

戦前に存在しなかったことからも明らかであるが終身雇用は日本文化に根ざすものではない。終身雇用は焦土から右肩上がりで成長し、人手不足が恒常的であった戦後日本経済に特殊な事情が生み出した、利潤最大化のための選択であった。日本企業に欧米企業に比べ家族主義的側面が強く見られるとしても、それは終身雇用制度による労働力囲い込みの結果であり、日本企業が家族主義

的であったから終身雇用制度が採用されたのではない。

■ CSR を通じた新しい人材政策の構築

　現に右肩上がりの成長がもはやないと認識された産業では終身雇用制度は大きく修正されるかもしくは放棄される。かつての石炭産業の経験を見れば明らかであるし、現在同様のことが多くの産業で起こっている。多くの日本企業の雇用政策は過渡期にあるが、このような時期に CSR は非常に難しい問題を企業に提起している。その難しさは以下の理由から欧米企業に増して特段日本企業に強く感じられるものである。

　―終身雇用が社会性に立脚するという幻想
　既に述べたように終身雇用制度は基本的に会社の都合でつくられたものである。しかし、終身雇用制度を会社の社会的責任の発露とする見方は依然強い。終身雇用制度の経緯はひとまずおくとして、日本企業の終身雇用制は CSR の要請にかなう一般性を備えているだろうか。
　終身雇用は中核的男性社員という限定された集団についてのみ成り立っていた。多くの場合女性従業員や臨時職員はその中に含まれなかったし、下請け、系列企業の社員にも同様の保障は与えられなかった。終身雇用制度が社会的考慮の上に設計されたものではないことの証左である。日本の伝統的終身雇用制度は女性登用の問題にも、マイノリティの問題にも、臨時雇用の社員の処遇の問題にも回答を出すことができない。

　―人事政策に社会的見地を統合させることについての経験のなさ
　日本企業の多くは会社という閉ざされた殻の中の論理に頼って人事政策をとってきた。その結果の一つが無責任なリストラである。陰湿ないじめじみたリストラが報道されるが、終身雇用という防波堤を失った瞬間に人事政策が極端なまでの会社のエゴ丸出しとなる姿は、社会的責任という視点が人事政策にそ

もそもなかったことを象徴する。CSR はリストラを否定しない。求められているのはリストラが社会的に責任ある方法で実施されることである。会社の殻を通して人材が出入りすることを前提とすれば、人事政策に社会的視点は不可欠となる。社員の流動性を前提とした人事政策が求められる。従業員は社会から会社が一時的に預かっている社会的存在であるとの認識が出発点である。

―社内権威としての人事部

　CSR を人事政策に統合する際に日本企業はもう一つ乗り越えなければいけない問題を抱えている。それは人事部が少なからぬ大企業で社内権威となっており、一般的に社会的変化をとらえる感度が必ずしも高くないことである。人事部門の機能は日本企業と欧米企業の構造上の差異で一つ際だつ点である。欧米企業における人事は後背機能でありスタッフ部門である。個別社員の評価や配置に関与する権限は持たず、働きやすい環境づくりや能力向上のための教育訓練など人材育成評価の枠組みづくりを分担する。欧米企業は学生研修生の受入れや男女差別撤廃の徹底などに熱心であるが、それはこれらの社会的要請に応えることが人事部の主要な任務となっているからである。ヨーロッパには人事部が CSR の統括をしている例もある。既に見たようにヨーロッパの CSR の原点とも言える 1996 年の「社会的疎外に反対するビジネスのヨーロッパ宣言」中の企業行動指針には、採用方針や社内の教育訓練といった企業の人事政策の基本に触れる内容が含まれている。CSR の中心に人材問題がある以上、人事担当部門の積極的関与がないかぎり対応は不可能である。

　シーメンス社の 2003 年企業責任報告書は従業員の扱いについて、以下のように述べている。

―優秀な従業員がわが社の成功をもたらす

　企業としての成功は、有能で士気が高い従業員にかかっている。シーメンスのようなグローバルな企業にとっては、有能な人材を引き付け、引き止めること、彼らに継続的教育と成長する機会を与えることは、したがっ

> て、どうしても行わなければならない。ビジネスと市場が縮小し、雇用を調整しなければならない時、このことは特別な挑戦である。しかし、労働力の調整が不可避であるのと同様、従業員の士気を高め、有能な人材を採用することも不可欠だ。

（出所）シーメンス社 Corporate Responsibility Report 2003

　人材の持つ意味を会社と社会両方の視点から考えてみる必要がある。人材が企業の競争力の源泉であることに異論はないだろう。しかし、将来の出世を代価に無限定の忠誠を会社に約束する中核男性社員という集団はもはや幻想に近い。多くの有為の人材が会社の殻をすり抜けより良い職業機会を求めて移動する。彼らは特定の会社に帰属する資産ではなくむしろ社会的存在である。このような人材を巡って企業間の獲得競争が起こりつつある。会社の人事政策が社会的広がりの中で位置付けられなければいけない所以である。金銭的な報酬の重要性は否定できないが、同様に重要なことは仕事を通じて成長する機会だ。一般的に日本企業が社員に働きがいを提供することにどこまで意を砕いてきたかは議論のあるところだろう。終身雇用という約束で囲い込んだ後、企業は従業員への説明責任を放棄したのではないか。
　社会的視点から見れば、人材に投資がなされ仕事を通じて成長する機会が与えられることは社会全体が持続的に成長するための基本的条件である。会社が雇用する人材は雇用形態、職種、性別にかかわらず社会の資産であり、社員に投資し成長する機会を与えることは、社会が持続的に発展するための企業の社会的責任である。社会的に意義付けされ社会の発展と二人三脚で展開される企業の人事政策がCSRの要請である。

6.2 CSRを通じたコーポレートブランドの強化

■ CSRへの取組みと消費者の評価

　CSRは社会の持続可能な発展と同時に、取り組んだ企業の成長にも貢献しなければならない。そうでなければCSRへの企業の取組み自体が持続しない。

　では、CSRへの取組みは企業業績にどこまで結びつくのだろう。CSRを調達条件にしている法人や政府が顧客の場合、CSRへの取組みの貢献はわかりやすい。実際、ヨーロッパの法人顧客からの要求は、かつてのISO9000シリーズがそうであったように、日本企業をCSRに駆り立てる大きな要因である。

　しかし、一般消費者向けの製品・サービスについてはどうだろう。企業のCSRへの取組みは消費者の購買行動にどの程度影響するのであろうか。図表6－2は日本の消費者の企業観についてのアンケートの結果である。6割を超える回答者が社会的責任を果たし、倫理観を徹底させている企業のものを優先して購入すると答えている。一方、図表6－3は、ヨーロッパにおける消費者のCSRに対する意識の調査結果である。平均して44%の人が環境、社会面での責任を果たしている製品であればより高い価格であっても支払うと回答している。一方、支払わないとの回答は37%であった。他にも消費者の意識に関する様々なアンケートがなされ、多くの消費者が企業に社会的に責任ある行動を求める結果となっている。

　しかし、実際の業績向上という企業の切実なニーズに照らせばアンケート結果からCSRに取り組めば売上げが伸びると安易に判断することはできない。まずアンケート調査に表れる消費者の意識が実際の行動にどこまで反映されるかは定かでない。さらに、その点を捨象しても、依然として企業によるCSRへの取組みと消費者の購買行動の間には、意識のずれと評価の難しさという2つの溝がある。

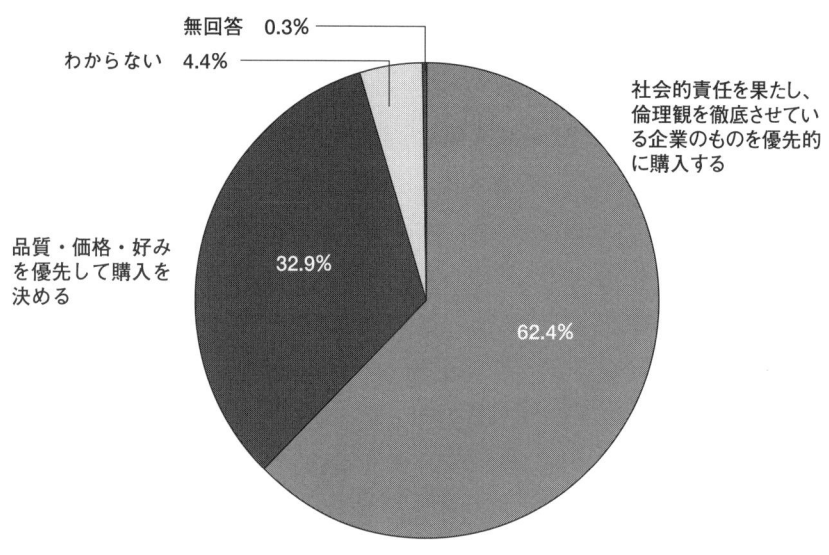

図表6－2　日本の消費者のCSR重要性への認識

- 無回答　0.3%
- わからない　4.4%
- 品質・価格・好みを優先して購入を決める　32.9%
- 社会的責任を果たし、倫理観を徹底させている企業のものを優先的に購入する　62.4%

（出所）経済産業省平成16年版通商白書

■日本の消費者が求めるCSR

　先にみたとおり、消費者の62.4％が「社会的責任を果たし、倫理観を徹底させている企業のものを優先的に購入する」と答えている。しかし、回答者が「社会的責任を果たし倫理観を徹底させている」とはどのようなことだと考えたのかは明らかではない。スポーツシューズメーカーのナイキ社が生産委託をしていたベトナムの工場での児童労働が発覚したことがアメリカで同社製品の大規模な不買運動に発展した例は広く知られている。しかし日本の消費者は全く反応を示さなかった。日本の自動車メーカーがアメリカで女性差別問題を起こした際も同様である。

　果たして日本の消費者が求めるCSRの範囲はどこまでだろう。近年のCSRブームの中に新しい消費者像は見いだせるだろうか。価格、安全の2点が消費者の大きな関心であることは論を待たない。昨今消費者の怒りを招き業績に深

6.2 CSRを通じたコーポレートブランドの強化

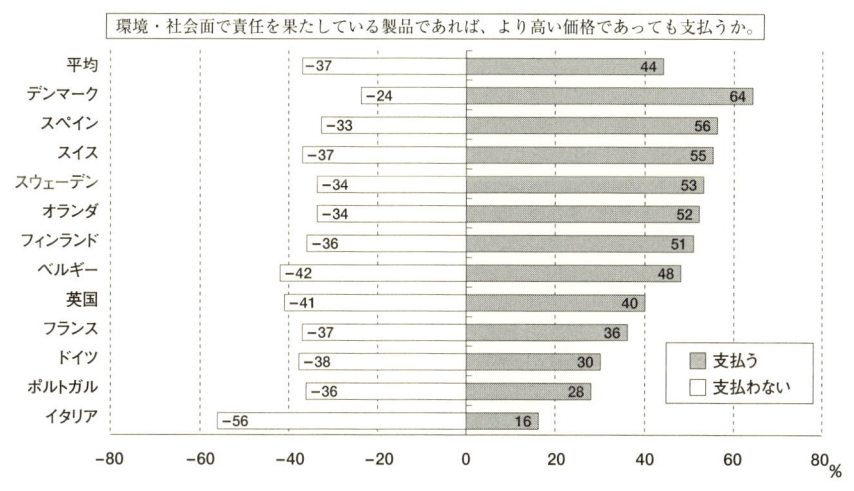

図表6-3 ヨーロッパの消費者によるCSRへの重要性の認識

環境・社会面で責任を果たしている製品であれば、より高い価格であっても支払うか。

国	支払わない	支払う
平均	-37	44
デンマーク	-24	64
スペイン	-33	56
スイス	-37	55
スウェーデン	-34	53
オランダ	-34	52
フィンランド	-36	51
ベルギー	-42	48
英国	-41	40
フランス	-37	36
ドイツ	-38	30
ポルトガル	-36	28
イタリア	-56	16

（出所） 社団法人経済同友会『第15回企業白書「市場の進化」と社会的責任経営―企業の信頼構築持続的な価値創造に向けて―』
（原出所） CSR Europe「The First Ever European Survey of Consumer's Attitudes towards Corporate Social Responsibility」
（出所） 経済産業省平成16年版通商白書

刻な打撃を与えた不祥事はこの範疇に入る。高級素材が使用されていると偽って高い価格をつけた食品、リコール隠しをして安全性が疑問視された自動車がその典型例である。その後も不祥事は日常的に起きているが、安全と価格に関係のないものについては大々的に報道された場合でも消費者の購買行動への影響は全く見られないか、あったとしても極めて限定的である。もっとも、このような傾向は必ずしも日本に限ったことではない。ヨーロッパにおいても消費者がどのような問題に敏感に反応するのかについては様々な見方があり必ずしも合意はない。「CSRとかなんとか言っても消費者は結局安くなければ買わない」と多くのヨーロッパ企業の担当者から聞かされた。ヨーロッパでは消費者の意識の変化こそ企業がCSRに取り組まなければならない理由であると説くCSRコンサルタントが少なくないが、企業の現場に近づけば近づくほど「啓蒙された」消費者への期待は幻想であるという見方が強くなる。マルチステー

クホルダー・フォーラム報告はこう言っている。

> 消費者はCSRに関心がないと確信しているフォーラム参加者もいる。CSRに関する製品はまだニッチだからだ。多くの消費者は、サービスと製品が価格に見合うかどうかにのみ関心がある。唯一の例外は安全性であり、それ以外のことは省みられない。

　図表6－4は、社会からの信頼を維持・向上させるために企業にとって重要な項目として消費者が挙げたものである。7割を超える回答が顧客の健康・安全性への配慮、環境問題への対応を挙げている。一方、差別、機会均等への配慮については3割に満たず、児童労働、強制労働の回避については2割未満である。また、図表6－5は、消費者がどのような企業を評価するかについての調査結果である。消費者重視の企業、地球環境に配慮した企業活動を行う企業であれば、それぞれ38.8%、31.4%の人が価格が高くてもこの項目にあてはまる企業のものを買うと回答している。しかし、従業員を大切にする企業につい

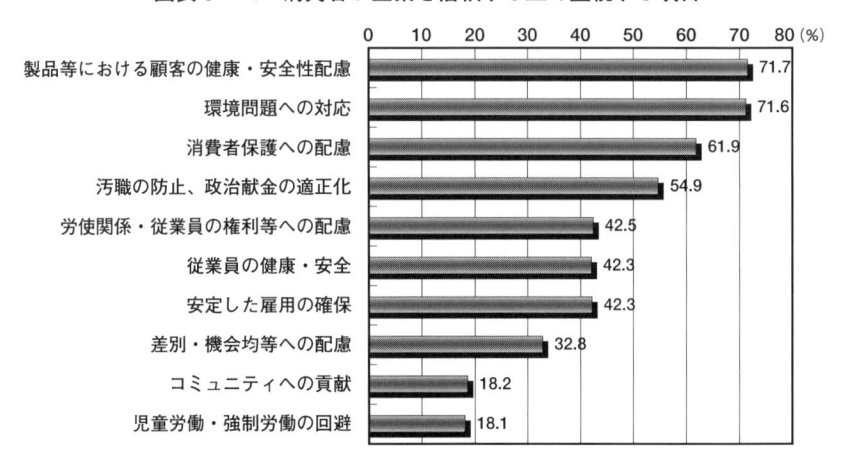

図表6－4　消費者が企業を信頼する上で重視する項目

項目	%
製品等における顧客の健康・安全性配慮	71.7
環境問題への対応	71.6
消費者保護への配慮	61.9
汚職の防止、政治献金の適正化	54.9
労使関係・従業員の権利等への配慮	42.5
従業員の健康・安全	42.3
安定した雇用の確保	42.3
差別・機会均等への配慮	32.8
コミュニティへの貢献	18.2
児童労働・強制労働の回避	18.1

（出所）　生活者の"企業観"に関するアンケート調査報告書（経済広報センター）

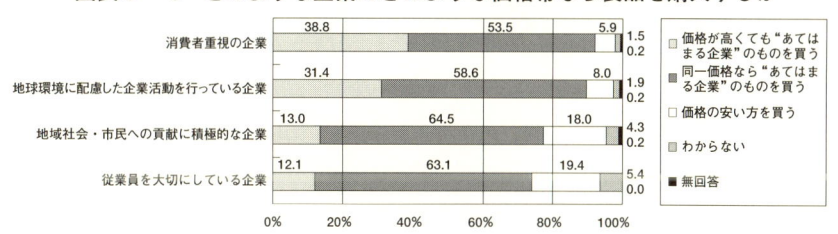

図表6－5　どのような企業のどのような価格帯なら製品を購入するか

企業タイプ	価格が高くても"あてはまる企業"のものを買う	同一価格なら"あてはまる企業"のものを買う	価格の安い方を買う	わからない	無回答
消費者重視の企業	38.8	53.5	5.9	1.5	0.2
地球環境に配慮した企業活動を行っている企業	31.4	58.6	8.0	1.9	0.2
地域社会・市民への貢献に積極的な企業	13.0	64.5	18.0	4.3	0.2
従業員を大切にしている企業	12.1	63.1	19.4	5.4	0.0

（原出所）　日本経済新聞社マーケティング調査部「企業の社会的責任に関する意識調査結果報告書」（2003年12月）
（出所）　経済産業省「企業の社会的責任（CSR）に関する懇談会」中間報告 2004年9月

ては、そのような回答をした人はわずかに 12.1％である。消費者が高い関心を寄せる事項と、関心の低い事項の別は明らかだ。

　環境分野に限定しても消費者側の期待と企業の取組みの間には明らかに溝がある。燃費のよい自動車や省エネ型の家電製品は多くの消費者から歓迎されている。しかし、商品にもよるが、リサイクル材の使用やリサイクル設計といった他の環境要素については価格上のメリットがない限り消費者が敏感に反応することはあまりない。欧州委員会環境総局は IPP（統合製品政策）のコミュニケーションにおいて環境に優しい製品に対する付加価値税減免など思い切った優遇策を提案している。これは環境に優しいというだけでは需要に結びつかないことを認識しているからである。厳しい予算制約の中で日々なんとかやりくりをしている圧倒的多数の消費者の行動を冷徹に見ているとも言える。

　2005年に内閣府が発表した国民生活モニターを対象に行った環境問題に対する意識調査を見ても、消費者が環境配慮商品を購入しやすくするための条件として図表6－6のように「環境に配慮した商品と従来品との価格差をなくす」が一番目で 71.3％の支持を受け、価格の重要性が浮き彫りになっている。

　環境問題でさえ消費者の関心の範囲は包括的ではない。まして、環境問題以外の、貧困、人権、人材等の問題について消費者がどこまで企業の社会的責任の対象と考えているかは更にはっきりしない。消費者が CSR のために一定の価格差を許容すると仮定することは、省エネや安全といった項目を除けば、ビ

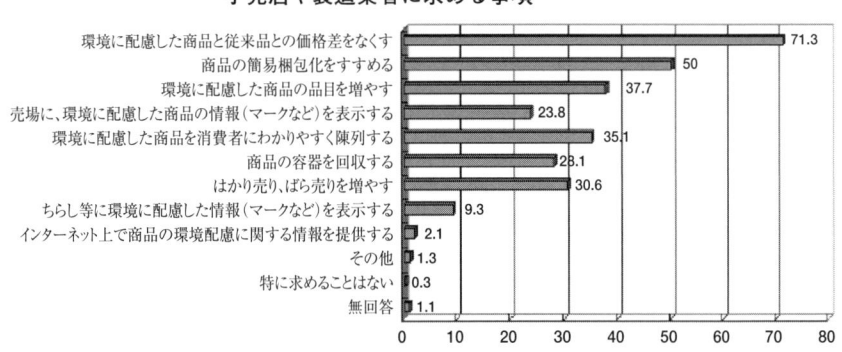

図表6－6　消費者が環境に配慮した商品を購入しやすくするために小売店や製造業者に求める事項

項目	割合(%)
環境に配慮した商品と従来品との価格差をなくす	71.3
商品の簡易梱包化をすすめる	50
環境に配慮した商品の品目を増やす	37.7
売場に、環境に配慮した商品の情報（マークなど）を表示する	23.8
環境に配慮した商品を消費者にわかりやすく陳列する	35.1
商品の容器を回収する	28.1
はかり売り、ばら売りを増やす	30.6
ちらし等に環境に配慮した情報（マークなど）を表示する	9.3
インターネット上で商品の環境配慮に関する情報を提供する	2.1
その他	1.3
特に求めることはない	0.3
無回答	1.1

（出所）　内閣府平成16年度国民生活モニター調査結果

ジネス判断としてはまだリスクが大きいだろう。消費者の意識との溝を乗り越えてCSRへの取組みを競争力につなげていくことは企業にとって難しい課題である。

■多すぎるCSR情報

　企業のCSRへの取組みを消費者にアピールする際大きな問題となるのはその莫大な情報量である。CSRに秀でている企業の製品を多少値段が高くても買うと答えた消費者でさえ、どのくらいの人がCSR報告書を読み比べた上で買い物をするだろうか。膨大な情報量の中から必要なポイントを理解することは至難の業だ。日々数多の購買選択をする消費者がそのたびに競合する会社のCSRへの取組み度合いを比較することは現実的ではない。マルチステークホルダー・フォーラム報告書も言っている。

> 　研究結果によれば、消費者は企業のCSRへの姿勢に関心は持っているが、大半の場合、評価するための情報を欠いている。調査実施者は、必要な情報を得ることが消費者にとってのCSRの中心的問題であるとしている。

この点についてヨーロッパの消費者団体にインタビューをしたが、彼らは情報開示の強化とCSRラベルの創設を求めながらも、CSRの複雑さ故の限界も認識をしていた。CSRの範囲は拡がる一方であり、企業の努力の度合いをバランスよく判断して単一のラベルで表現することは容易ではない。そもそもヨーロッパには既に多種多様なマーキング制度がありそれぞれ何を意味するのか多くの消費者は理解できていないのが現状だ。NGO側にも単純な企業評価には反対の声がある。繊維産業に属するサプライヤーの労働条件改善を求めるNGOである、クリーン・クローズ・キャンペーンは、ランキングなど過度に単純化された情報は無益であるとして、「問題は複雑であり、変化する企業行動のスナップショットをとるのは危険である。そのような偽物のアドバイスは誰の役にも立たない」と述べている[19]。

消費者団体もこういった現実や意見は認めており、「しかしCSRラベル以外に知恵もない」というのが担当の率直な見解だった。

マルチステークホルダー・フォーラム報告書は次のように述べている。

―消費者団体は、消費者が企業間比較をしCSRに基づいた選択を行えるよう、企業からの情報入手を可能にすることに強い関心を有している。
―(CSR)ラベルが万能薬とは考えられていないが、消費者団体は強く求めている。

消費者の関心の対象が限定されていること、企業側の努力を適切に消費者に伝えることが困難なこと、この2つの溝は日本企業の取組みを不祥事防止の法令遵守に方向付けする。消費者が反応するのは大半の場合否定的報道であり、法令さえ守っておけば報道機関から批判を受ける可能性は低いからだ。法令遵守こそCSRの中心と考える企業が多いことは日本の消費者の意識の裏返しと

---

19) IOE (International Organization of Employers) News Round up 28 June- 2 July, 2004 Hugh Williamson "Ethics enters product tests"

も言える。

■コーポレートブランドに活かす CSR

　消費者が企業の社会的責任に関する関心を強めているのは事実である。しかし、日本の現況に強く規定された狭い意味でのリスクマネジメントを超えて CSR に取り組むためには消費者との間に横たわる溝を乗り越えなければいけない。そのためにはコーポレートブランドの視点が必要である。
　CSR に関心を持つ消費者でさえ不完全な情報しか持ち合わせないという現実に鑑みれば、報道機関や研究機関が行う CSR ランキングの上位に入ることや、社会的責任投資 (SRI) の投資対象に選ばれることなどは消費者に判断基準を与える一定の効果があるだろう。しかし、メディアや投資ファンドなど第三者の評価は自ら管理できるものではなく、安定的に消費者に訴求する手段とはならない。やはり自律的に企業像を消費者に訴えるコーポレートブランドと CSR の関係に立ち入る必要がある。
　リスク管理の観点から見た CSR とコーポレートブランドの関係は明確である。CSR への取組みはコーポレートブランドを傷つける不祥事や市民社会との衝突の危険を最小にする。一旦事件が起こればブランドイメージへの打撃は避けられないし、負の印象は長期にわたって持続する。コーポレートブランドを守る上でリスク管理は重要な要素であり、その限りで CSR に取り組む意義もわかりやすい。しかし危機管理の視点しか持たないことはコーポレートブランドを損なわないという消極的意義しか CSR に与えないことを意味する。CSR への取組みの多くの部分が有効に活用されないことになる。
　CSR を通してコーポレートブランドを伸長させ消費者への訴求力を強める、積極的な作用がなければ CSR が企業競争力につながる大きな接点が失われてしまう。CSR への投資が企業の成長に貢献しなければ、マクロ的にも環境保護、社会の健全発展と経済成長の両立も成り立たない。
　しかしだからといって CSR を新しい要素としてコーポレートブランドに付

け加えるという発想は建設的ではない。CSR をコーポレートブランドのお化粧にしてしまっては、流行とともに新しい何か別の化粧がすぐに必要になるだけだ。CSR の背後にある世界的な社会の構造変化、消費者の価値観の変化を見極めるならば、求められることは、むしろ、コーポレートブランドを企業の社会性の構図の中に位置付けなおすこと、広い社会的意味の中に自社のコーポレートブランドを再確認、再構築することである。CSR を生んだ世の中の動きとコーポレートブランドと調和させ、将来にわたって乖離することのないようにすることである。

今日の経営学はコーポレートブランドの力を商品の認知度の和とは考えていない。コーポレートブランドはまず何よりも社員すべてに共有された価値であることが条件である。社員が余所余所しく、嘘っぽく感じるコーポレートブランドは消費者に訴える力を持ち得ない。さらに、すべてのビジネス上の判断の指針となるものでなければならない。もちろん、社内で共感され共有されたビジョンであれば、自動的に消費者に訴求するわけではない。社外に有効に価値観を発信するためには、広報、広告等への投資が必要とされるだろう。ただし、社員が信じていないビジョンの広報宣伝費にいかに投資しても投資効果は期待できない。

したがって、コーポレートブランドを CSR の中に再構築することの第一歩は、社の CSR の方針が社員一人一人に浸透しかつ日々の業務の中で実践されることである。組織文化を変えなければいけない。

国際的環境保護団体のコンサベーション・インターナショナルは、豊富な固有生物種が環境破壊により多く失われている地域として日本列島を指定した。日本の生態系が損なわれていく危機にあることを意味する。

企業が日本の生物多様性の維持に貢献しようとすることでどのようなビジネス上の効果が期待できるだろうか。組織全体としてのコミットメントの強さ次第で大きく変わるだろう。要請に応えて受動的に環境保護団体に資金支援をするだけであれば、社員は特段の関心を持たず、業績次第で一時限りの資金支援に終わるかもしれない。CSR 報告書に生物多様性維持への貢献が美しく語ら

れても、組織文化に影響を及ぼすことは期待薄であり、いわんや意味のあるメッセージは組織の外にも伝わらないだろう。

　一方、全社的に本件へのコミットメントの合意があり、社員一人一人が自分の会社が日本の生態系維持に目に見える貢献をしていることに誇りを持つ水準まで組織に内発的な動機を作り出すことができれば、組織の士気にはっきりした好影響を及ぼすだろう。このような一人一人の社員に共有された価値観はコーポレートブランドを強める武器であり、長期的なビジネス上の収益をもたらすことが期待される。

■組織文化への統合は CSR の条件

　CSR を組織文化に統合することは、CSR そのものの要請でもある。先に CSR の本質的難しさは法令など社会的に合意された規範が存在しないところで企業が自ら判断し実行することにあると述べた。どのような判断を下していくかについて企業側には大きな自由度がある。しかし、逆に言えば、組織が大きくなればなるほど個々の問題への対応が時々の状況や担当セクションの別などの要因によりまちまちになってしまう危険をはらんでいる。CSR 担当部署が中央集権的に対応を管理することも現実的ではない。結局、長期にわたって整合的に CSR を実践していくためには全ての社員に会社の CSR 方針が理解され、支持されていなければならない。組織文化に統合されていない CSR はリスク要因にすらなるのである。

■実践のための CSR・QC サークルのすすめ

　トップの CSR への献身と統率力が重要であることは言うまでもない。しかし同時に会社経営幹部のコミットメントだけでは不十分である。ヨーロッパの一つの特質は理念の尊重にあるが、行きすぎれば「言うこととやることがちがう」ということになる。会社首脳が社の内外で雄弁に CSR を語ることと、そ

の会社が本当にCSRを実践しているかどうかは時として別の問題であることもある。法律でさえまるで言葉遊びの世界であるかのごとく実践が伴わないことがあるのがヨーロッパの一面である。世界はヨーロッパの言葉の美しさに目が眩んでしまうことがあるが、一皮むけばそれほどのことはないかもしれない。セミナーで会った某有名ヨーロッパ企業の担当者はこう語った「社長には長年CSRへの取組みの必要性を訴えてきたけど、聞き入れられなかった。それがある日突然、社長室に呼ばれると「我が社もCSRをやるぞ」、と突然の変心。フィナンシャルタイムスの記事に影響されたんだよ。」新聞がフィナンシャルタイムスという点を除けばそのまま日本の会社のどこにでもありそうな話である。

　言葉にされたこと、文章となったことの実践力において日本の右にでる国はそうないだろう。言い換えれば日本の企業にとって、また、政府にとっても語るべきは夢や理想ではなく何よりもまず実現可能な内容である。できないかもしれないことは口にしない。しかし、一旦口にしたことは確実に成し遂げる。日本の政治家や行政官、企業幹部の言葉は人を高揚させ感動させるものではないかもしれない。しかし、環境を改善し人権を守るのは、言葉ではなく実践であることも事実だ。

　オゾン層を破壊するフロンガスの回収、あるヨーロッパ企業はフロンガスを含むウレタンを屋外で粉砕して、ガスを抽出していた。しかし、この方法ではウレタン粉砕の際に大半のフロンガスが大気中に放出されることは明らかだ。日本では完全に密封された環境の中でフロンガスの回収がなされている。日本企業の実行力の土台にこのようなきめ細かな配慮があり、また、関連する部門間の綿密な協力のすり合わせがある。企業訪問時にオゾン層保護に関する感動的な演説が聞けないといって、現場の努力を過小評価するべきではない。個別の事例を細部まで見れば日本企業の実行力は際だつ。社会分野では日本企業は少し出遅れたかもしれないが、持ち前の実践力を発揮すれば日本企業が環境と同様に社会問題解決で際だった存在になる可能性は小さくない。

　企業経営者の統率力は内容（コンテンツ）重視型のリーダーシップと一つは文

脈(コンテクスト)重視型リーダーシップに分けることができる[20]。内容重視型リーダーシップは事業戦略や明確な目標の設定など、事業の内容そのものを自ら設定し会社を率いる。一方、文脈重視型リーダーシップは組織の価値や文化、チームワークを醸成することに意を砕く。事業内容は組織の力が生み出すと考える。コーポレートブランドとCSRの一体化のために必要な統率力は文脈重視型ではないだろうか。CSRを組織の価値観や文化を織り成す糸の一つとするためには、組織の文化や価値観重視する経営者が必要である。

CSRを織り込んだ組織文化、価値観が醸成されれば、あとは日本企業の強みである目標に向けたきめ細かな実践である。現場の従業員の創意工夫を引き出したQCサークルをCSRの視点で見直して再活性化するのはどうだろう。本社のみならず、社のあらゆる部署の一人一人の従業員が社会問題、環境問題に貢献する知恵を出し合っていくこと、それを通じて自らの仕事への社会的意味付けを再確認する。言葉だけで終わらない、全社員によって実践されるCSRにこそ日本企業の本領が発揮されるのではないか。そして、このような過程そのものがコーポレートブランドをCSRの視点から再構築していくのではないだろうか。

6.3 CSRを通じたグローバル経営の強化

■日本企業のグローバル化の段階

日本企業のグローバル化の歴史は欧米企業に比べればまだ短い。多くの日本企業は貿易摩擦を経験してから本格的にグローバル展開に着手した。貿易摩擦の時期は産業によって異なるが、テレビについては1977年に対米輸出自主規制が実施され、自動車については対米輸出規制が1981年、対ヨーロッパ輸出

---

20) Financial Times Asia 2005年3月10日付 "When companies need diplomats"

規制が1983年に実施されている。その後80年代後半以降の円高によって日本企業の海外直接投資が急速に拡大していく。1980年の日本の海外直接投資残高は126億ドルであるが、円高局面に入った1985年では244億ドルとほぼ倍増している。

すでに述べたとおり1986年に「海外現地生産時代における企業の社会的責任」研究が実施された。同研究はその趣旨を「輸出主導の成長を遂げてきた日本経済は円高を主たる契機として体質転換を迫られており、今後企業の海外現地生産は益々拡大することが予想される。そこで本研究では企業の社会的責任を従来の国内中心の考え方から国際的視点を含めて捉え直すことにより、相手国を重視した海外現地生産の展開をその中心課題として捉え、現地における企業の社会的責任に的を絞った分析を行った。」としている[21]。日本企業が海外進出を加速させ、世界的視野で企業の社会的責任を捉える萌芽が出始めた時期であろう。同研究は海外現地生産時代の企業の社会的責任の特色を以下の4点に整理している[22]。(一部筆者が要約。)

―社会的責任の実践対象国の拡大に伴い、相手国の社会体制、文化、慣習等によって、企業の社会的責任の重点の置き方や解釈が異なってくる。この違いは、利害関係者の権利意識や各国の成熟度の差にもよる。

―企業の社会的責任の利害関係者が拡大する。海外現地生産時代においては自国のみならず、海外においても各国の事情に応じて拡大し、さらには自国と海外とで利害の調整が必要となる。

―多国籍企業として相手国の主権や利益を尊重した行動をとることが要請される。国際機関によって行動基準が採用されているが、強制力はない。しかし、欧米の多国籍企業には積極的に遵守しているところが多い。

―啓発された自己利益の実現を動機として社会的責任を遂行する企業の活動が

---

[21] 日立総合計画研究所「海外現地生産時代における企業の社会的責任」日立総合計画研究所1988年まえがき

[22] 日立総合計画研究所「海外現地生産時代における企業の社会的責任」日立総合計画研究所1988年5ページ

海外へ拡大する場合、海外でも同様に動機付けられているかという課題が生じる。

日本企業がグローバリゼーションに乗り出した事情は欧米企業と大きく異なる。日本企業は貿易摩擦という政治要因によって製造拠点を消費地に移すことを強いられたのである。結果として本社の国内志向は変わらぬままグローバリゼーションという形ができ上がった。ヨーロッパ企業もアメリカ企業も進出先社会について理解をした上で投資を行う。順番が逆になってしまったが、CSRは日本本社の視線と思考をグローバル化する機会である。

1990年代に入り日本企業の国際展開は貿易摩擦回避、円高回避の色彩を薄めた。海外企業の買収を含めたより戦略的な海外展開が進められつつある。海外に展開される機能も販売、製造にとどまらず研究開発、デザインセンターなど多様化している。このような結果、図表6-7のように1990年から2000年の間に日本の企業の海外売上げ比率は20％から30％超に、海外従業員比率も1桁から15％を上回る水準まで上昇している。同時に所有構造も国際化しており外国人持ち株比率は20％に近づきつつある。

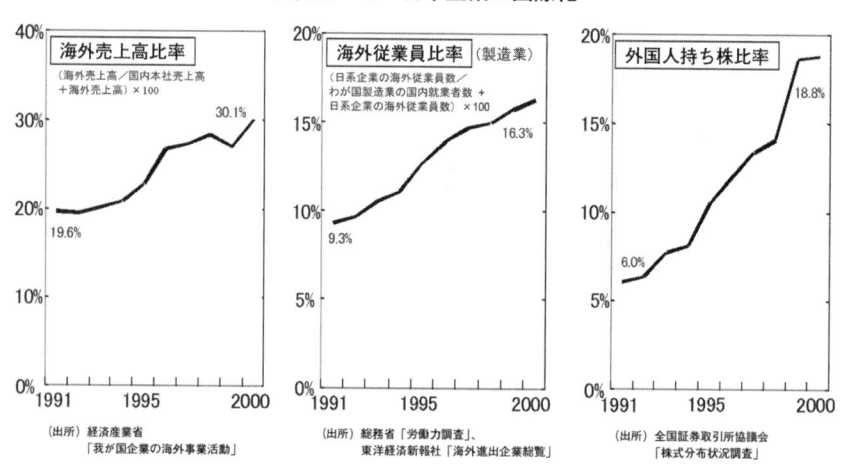

図表6-7 日本企業の国際化

海外売上高比率（海外売上高／国内本社売上高＋海外売上高）×100
1991年：19.6％ → 2000年：30.1％
（出所）経済産業省「我が国企業の海外事業活動」

海外従業員比率（製造業）（日系企業の海外従業員数／わが国製造業の国内就業者数＋日系企業の海外従業員数）×100
1991年：9.3％ → 2000年：16.3％
（出所）総務省「労働力調査」、東洋経済新報社「海外進出企業総覧」

外国人持ち株比率
1991年：6.0％ → 2000年：18.8％
（出所）全国証券取引所協議会「株式分布状況調査」

CSR の問いかけは欧米企業が先んじて苦しみながら経験した進出先社会との関係構築の難しさとその対応策を凝縮して示してくれる。すでに多くの日本企業が苦い経験を経てアメリカ社会に溶け込みつつあるが、より世界的な視点での CSR が今後の課題である。「売り手よし、買い手よし、世間よし」の近江商人の商売哲学がよく引き合いに出される。現代の日本企業にとっての「世間」は「世界」である。「世界よし」であってはじめてグローバルプレイヤーである日本企業の発展が可能となる。

■環境対応で日本企業が先行するわけ

　環境対応は日本企業の大きな強みである。ヨーロッパにおいても日本企業の環境意識は高く評価されている。鉛フリーの CD カセットを初めて市場に出したのも、ハイブリッド自動車の先陣を切ったのも日本企業である。日本ではドイツを環境先進国として崇める傾向が強い。しかし、リサイクルや有害物質を排除した製品づくりの点で日本は決してドイツに負けていない。私は欧州議会関係者を日本のリサイクル施設に案内したことがあるが、ドイツよりも進んでいるという感想を漏らしていた。逆に日本からドイツに視察に来た関係者の中には幻滅して帰国する人も少なくない。図表 6 − 8 のように地球温暖化対策の面でも日本の省エネ度は世界的に群を抜いている。日本が 1999 年に省エネル

図表 6 − 8　各国の経済規模と CO_2 排出量

	日本	EU (15ヶ国)	米国	中国	ロシア	インド
世界全体の GDP に占める割合 (2001 年)	16%	29%	26%	4%	1%	1%
世界全体の CO_2 排出量に占める割合（2001 年）	5%	13%	24%	13%	6%	4%
同じ GDP を生むために排出する CO_2（日本を 1 とした場合）	1	1.6	3.2	12.2	20.1	10.3

(出所)　経済産業省資料

ギー法を改正して採用したトップランナー方式(電気製品などの省エネ基準や自動車の燃費・排ガス基準を、市場に出ている機器の中で最高の効率のレベルに設定すること)も同じく強い関心を呼んでいる。欧州議会は製品の環境設計に関する指令案の審議において、日本のトップランナー方式と同様の措置を導入することを求める修正提案を可決した。この修正案はヨーロッパ産業界の反対によって最終テキストからは落とされたが、日本の新しい政策の発想を巡って攻防があったのである。

　ブラッセルでアメリカ企業とある時は協力し、ある時は競合しながらロビー活動を行った経験に照らして言えば、アメリカ企業の環境問題に対するアプローチはアメリカ社会が経験した環境問題に、日本企業は日本の経験に強く影響されている。リサイクルのみならず地球温暖化から有害物質対策に及ぶまで日本企業が有する感受性は、日本社会が経験した悲惨な環境問題から説明できる部分も多いのではないかと私は考えている。
　水俣病に代表される日本の公害惨禍は、日本の経済成長が犠牲にしたものを社会に強いインパクトをもって示した。私たちの世代の教科書は公害問題の深刻さを大きく扱っていた。安全保障上の脅威を感じることもなく、経済的な困難も諸外国に比べて小さく、教育、社会、治安などの問題も顕在化していなかった当時の日本にとって、公害こそ成長に対する最大の脅威であった。今日、日本企業の中核をなす世代はこのような社会的状況で育ったのである。日本企業の多くは、環境問題の対処に誤った企業に科される社会的制裁のみならず環境問題が持続可能な発展に対する明確な脅威であることを皮膚感覚として理解していると言えるのではないか。日本社会全体が大きな犠牲を払って学んだ教訓だったかもしれない。

■グローバル展開の次のステップとしてのCSR

　CSRについて強み・弱み両面で会社は母国の影響を受ける。日本企業は日

本社会に育てられ、同時に日本社会によって制約もされている。

環境問題とは対照的に社会問題については日本を母国とすることがグローバルな事業展開の弱みにつながってしまう。日本の相対的に均質な社会、訴訟を嫌う社会風土は企業にとって心地よい環境である。しかし、日本から一歩出て、人種、宗教など様々な多様性、頻繁な訴訟、闘争的な労働組合、影響力が大きく攻撃的なNGOなど日本ではなじみのないステークホルダーに直面すると狼狽することになる。日本では若年失業も、男女の昇進差別も最近まで問題にはならなかった。したがって、多くの日本企業はそのような問題を企業責任の対象とは考えていない。日本企業が海外でセクシャルハラスメントの事件を起こしたことが報道された時、セクシャルハラスメントという概念自体が日本には存在しなかった。

法令違反スキャンダルに席巻されている国内状況への過剰適応は海外市場におけるアキレス腱となる可能性がある。海外下請工場での人権侵害行為は国内では強い関心を呼ばないかもしれないが海外では厳しい批判の対象になり得る。日本国内の「優しい」ステークホルダーとの関係を世界的に普遍的なものであると思い込むことはリスク管理の上からも最善の策ではない。途上国の人権や労働者の権利など日本のステークホルダーが関心を示さない問題に対する社内理解の増進や即応体制の構築は日本国内だけを見ていては難しい。

品質への要求水準が高い日本の消費者の目が日本企業の品質へのこだわりの土壌となったが、CSRについては逆のことが起こる危険さえある。一歩日本を出れば広い意味での企業の質を問われる機会が格段に増える。グローバルな企業が長期的に発展していくためには、社会的学習の基盤もグローバル化しなければいけない。日本企業がグローバルに事業を成功させていくためにはヨーロッパの失業問題への危機意識からも、アメリカ社会の多様性からも、アフリカの貧困からも、アジアの人権問題からも学び、対応方法を経営、組織の中に取り込んでいかなければならない。CSRは販売、製造、そして研究開発と深化してきた日本企業のグローバル展開の次の段階でもある。

第6章　競争力を向上させる CSR

■グローバルに整合する方針の重要性

　CSR に関するアメリカ企業と日本企業の本社の姿勢はそれぞれ両極にある印象を受けることがある。アメリカ企業のヨーロッパ法人の CSR 担当者の悩みはアメリカ本社の押しつけ型過剰介入である。多くの担当はアメリカ流 CSR がヨーロッパで必ずしも評価されないことを認識しているが、本社はヨーロッパの実情を理解しようとせずアメリカ本社でつくった報告書を押しつけてくる。何人かの友人は本社にヨーロッパ版の CSR 報告書を作ることを提案していると言っていたが、今のところ彼らの意見は聞き入れられていないようだ。

　一方、日本企業のヨーロッパ法人の担当の悩みは日本本社の関心、理解の低さである。質問はしてくるが方針は示されない。分権的とも言えるが多くの場合本社が理解できないから放ってあるというのが実態に近い。

　いずれにせよ現地への授権と全社的コントロールの最適なバランスは CSR がグローバル経営のあり方について問いかけることの一つであり、世界本社の機能を見直すよい契機となる。CSR について地域毎に矛盾した方針をとることはリスクを伴う。特に、安全性や環境保護の基準についてはそうである。

　ヨーロッパでは歩行者安全の議論が活発に行われているが、自動車の前面に装着されるカンガルー・バーと呼ばれる大型金属棒が事故の際歩行者に大きな損傷を与えることが知られている。2001年、欧州自動車工業会、日本自動車工業会及び韓国自動車工業会の3工業会は新車にカンガルー・バーを装着することを自粛することを欧州委員会と申し合わせた[23]。

　一方で EU が遺伝子組換食品に厳格な表示義務を課したことが米欧間の摩擦

---

23)・Opinion of the European Economic and Social Committee on the 'Proposal for a directive of the European Parliament and of the Council relating to the use of frontal protection systems on motor vehicles and amending Council Directive 70/156/EEC' 参照
http://Europa.Eu.int/Eur-lex/lex/LexUriServ/site/en/oj/2004/c_112/c_11220040430en00180020.pdf
・ETC "Safety Monitor September 2004" 参照
http://www.etsc.be/documents/Safety%20Monitor%2055.pdf

に発展している。遺伝子組換食品に関する表示規制は私が経験した欧州委員会との調整の中でも最も困難なものの一つだった。チーズやビールといった地場の食品産業の政治的影響力はハイテク産業のロビーとはまた異質なものであることを痛感した。この問題を複雑にしている要因は様々あるが、アメリカとヨーロッパの消費者団体の温度差もその一つだ。ヨーロッパの消費者団体はアメリカの消費者団体に比べ激しい遺伝子組換食品反対運動を展開している。EU規制当局は、消費者が求める情報を提供し選ぶ権利を守ることが当局の義務であるとの立場をとり、表示を条件として遺伝子組換食品の販売を認めた。しかし、消費者の態度を前提にすれば表示対象となった食品の販売は事実上不可能になると見られている。

遺伝子組換食品についてどのようなグローバルな方針をとるのか、食品関連企業はアメリカとヨーロッパの２大市場の消費者の狭間に立っている。安価で安定した食品の供給を可能にする福音であるとの立場をとるか、それともEU型の表示規制を他地域でも自主的に実行するか、いずれの立場をとるにしてもビジネスに直接影響する。

地域間、国家間の価値観や社会的背景の相異は他にも様々存在する。ヨーロッパでは近年燃費が悪くかつ事故の際歩行者に与える損傷が大きいとしてスポーツユーティリティビークル（SUV）に対する批判の声が高まっているが、SUVよりも一回り以上も大きなピックアップトラックが乗用車代わりに使われるアメリカとは消費者の意識も行政当局の見方も随分ちがう。将来ヨーロッパのSUV批判が一層高まった際、SUVをドル箱としている多くの自動車メーカーはアメリカ、ヨーロッパ両市場の事業の整合性で苦しむかもしれない。

■ CSRが見直しを迫る世界本社の役割

全く同一の基準を地域の別なく当てはめることがビジネス上不可能であるケースも当然ある。各地域の実情をきちんとふまえ、地域によって異なった対応をする場合にはその理由の説明も含め、CSR上の要請とビジネスの合理性の

比較考量の上でグローバルな方針を出すことは世界本社の欠かすことのできない役割である。

　この点において日本企業は一般に欧米企業に大きく遅れている。環境問題でさえ日本本社の環境部が海外工場に関する環境基準を設定している企業は例外的だ。現地法人任せで監査すら行っていないのが通常である。ヨーロッパのCSR関係者が「日本企業の本社は海外工場に関することを何も知らない」と言うのを何度か耳にした。

　日本企業の海外展開について、現地法人の幹部を日本人で固め、事業上の判断を細部まで日本本社と派遣された日本人幹部だけで行っているとの批判が長くあった。多くの企業でそのような批判に応え、また、日本人駐在員を減らし費用削減を図る一環としても、現地への授権が進められてきた。

　振り返ってみると、世界本社が一元的に方針を決定し実施を管理しなければならない事項までも現地法人の自由裁量に任せてしまったのではないだろうか。営業、製造などの機能をどの程度中央集権的に管理するかは、事業分野、製品特性などによって様々であろう。しかし、環境、安全、人権などCSRに関連する事項が世界各国の現地法人の間で整合性なく方針が決定され実行されるとすれば、企業は知らず知らずのうちに大きなリスクを抱え込むことになる。CSRは世界本社の機能の再検討と強化のきっかけを提供している。

6.4 CSRと新しいサプライチェーン・マネジメント

■在庫管理からCSRへと変化するサプライチェーン・マネジメント

　1990年代電子調達市場に注目が集まり業界標準を巡って激しい囲い込み合戦が繰り広げられた。しかし、その後在庫管理を最適化するサプライチェーン・マネジメントが登場し、安ければ「一見さん」からでも調達する電子調達は急速に下火になった。さらに、既に見たとおりCSRがサプライチェーン・マネ

6.4 CSR と新しいサプライチェーン・マネジメント

ジメントに政策的な意味を加えている。小売業者がメーカーに、メーカーが部品メーカーに、部品メーカーが素材調達先に、それぞれ社会的責任の実行を調達条件として突きつける動きによってサプライチェーン・マネジメントは環境社会要求を実現するための手段としての性格が付加されたのだ。

動きは活発である。

―FTSE4Good は 2004 年サプライチェーン・マネジメント基準を企業の選抜基準に追加した[24]。サプライチェーンリスクをかかえた企業は核となる労働基準に関する方針が求められる。

―ヒューレット・パッカード、IBM、デルは 2004 年に共同で「行動規範」をまとめた[25]。CSR による選別調達を進める各社が連携し人権、雇用、倫理などの遵守を確保する仕組みである。

―フィンランド中央商工会議所は「社会的責任輸入」のキャンペーンとして輸出企業から製品製造過程において児童労働が行われていないなど、人権侵害がないなどの保証がない限り輸入をしないよう会員企業に求めている[26]。

マルチステークホルダー・フォーラムでもサプライチェーンについては様々な角度から議論がなされている。

―サプライチェーン・マネジメントと下請企業をどの層までコントロールすべきかについて懸念が存在する。サプライチェーンにおける問題は、レピュテーションの低下や訴訟につながることが多い。……サプライチェーンはコントロールできるものではないと考えている企業もある。重要なことは、サプライチェーンについて企業ができることには限界があ

---

24) FTSE4Good ウェブサイト参照 http://www.ftse.com/ftse4good/supplychain.jsp
25) 3 社共同報道資料参照 http://www.celestica.com/uploadedFiles/CodeofconductRELEASE.pdf
26) CSR Europe, The Copenhagen Center, IBLF "It simply works better 2003-2004 Campaign Report on European CSR Excellence" 64 ページ 参照

るということである。サプライチェーンが複雑になればなるほど、合理的費用でコントロールすることが難しくなる。しかし、雇用主は直接雇用されていない従業員に対しても倫理的責任を負うという見方もある。（そのような見方によれば）企業は、健康と安全及びその他の雇用条件を、労働者がサプライチェーンのどこで働いているかにかかわらず、遵守しなければならない。

―企業は、サプライチェーン中のパートナーを「教育」する役割を果たすことができる。企業はサプライヤーに、特定の要求事項を遵守することを促すことができる。また、購買行動を通じ、サプライヤーに影響を及ぼすことも可能かもしれない。知識の改善は一方的なプロセスではない。調達側と納入側がグローバルなサプライチェーンの問題と購買行動の影響についての理解を深める必要がある。

―労働組合とそれ以外の多くのステークホルダーは、サプライチェーン全体の労働者の権利を尊重し適切な労働条件を促進していなければ、企業はCSRに取り組んでいるとは言えないと考えている。

　サプライチェーンの問題はとかくハイテクセクターが注目されがちだが、クリーン・クローズ・キャンペーンのように労働集約的な繊維産業を専門的に監視するNGOが存在するし、食品メーカーが抱える農業サプライチェーンも潜在的な問題は大きいと見られている。調達先である農家の数の多さに加え、途上国の農業部門では児童労働の懸念も強い。家具メーカーも製造拠点を低コスト国に移すにつれ児童労働問題等への対処に迫られている。
　1996年にベトナムの契約工場での児童労働が製品の不買運動まで発展したスポーツシューズメーカーのナイキ社は、2004年企業責任報告書において同社ブランドの製品を製造する全ての契約工場とその住所を明らかにするという

他産業も含めて前例のない情報開示に踏み切った。同社のプレス発表は以下のように述べている[27]。

> ナイキ社はナイキブランド製品を製造する全ての契約工場に関して完全な情報開示を行うことによって、サプライヤーに関する透明性を高め、より効率的なモニタリングが可能になると考えている。同時に、ナイキ社の長期戦略である、契約工場とコンプライアンスの責任を共有することにもつながる。

■サプライチェーン情報システムの構築

サプライチェーン・マネジメントの難しさは何層にもわたるサプライヤーについての情報を整備し、絶えず更新し、かつステークホルダーの要請に応じて開示できる体制を作り上げることにある。有害物質使用の管理を例にとれば、構成部品毎の使用物質まで質問されることは珍しくない。図表6－9はその例である。頻繁にモデルチェンジがあり絶えず新しい製品が市場に投入される中、

図表6－9　製品モデル毎、部品毎の構成物質の質問例

製品モデル名	プラスチック	ガラス	鉛	銅	その他の重金属	塩ビ	難燃剤
部品A	使用の有無	使用の有無	使用の有無	使用の有無	使用の有無	使用の有無	使用の有無
部品B							
:							
部品Z							

---

27) ナイキ社報道発表 2005年4月13日
　　http://www.nike.com/nikebiz/news/pressrelease.jhtml?year=2005&month=04&letter=a

部品レベルで使用物質を特定し管理することは容易ではない。

　もちろん、求められる情報は使用物質に関するものに限られるわけではない。以下の情報はステークホルダーから頻繁に聞かれる項目である。

　―直接、間接の調達先企業に対する環境、社会、安全衛生、贈賄その他に関する具体的な指導の有無
　―調達先企業がどの程度自社の指導に従っているかを監視しているか。監査を行う場合の頻度
　―直接、間接の調達先企業が指導に従わなかった場合の懲罰の有無とその内容
　―業務委託先に対する環境、社会、安全衛生、贈賄その他に関する具体的な指導の有無
　―業務委託先がどの程度自社の指導に従っているかを監視しているか。監査を行う場合の頻度
　―業務委託先が指導に従わなかった場合の対応策
　― LCA（ライフ・サイクル・アセスメント）実施の有無
　―生産過程の中で環境、社会に悪影響を与える段階の特定及びその影響を最小化するために自社もしくは調達先企業がとっている対策の内容
　―調達先企業との環境及び社会的パフォーマンス向上のために行っている協力の内容

　グローバルなサプライチェーン全般について本社が方針を決定し適切に情報収集管理をしない限りステークホルダーへの対応は困難である。

　さらに、2006年7月からヨーロッパで販売される電子電気機器には、RoHS指令（電気電子機器に含まれる特定有害物質の使用制限に関する指令）が適用される。また、自動車については廃自動車指令によって既に同様の義務がかかっている。RoHS指令の義務は第5章で見たとおり特定用途について認められた使用制限の免除など極めて複雑である。図表6－10は、RoHS指令遵守のために部品単位でどのような物質管理が必要になるかを例示したものである。

6.4 CSRと新しいサプライチェーン・マネジメント

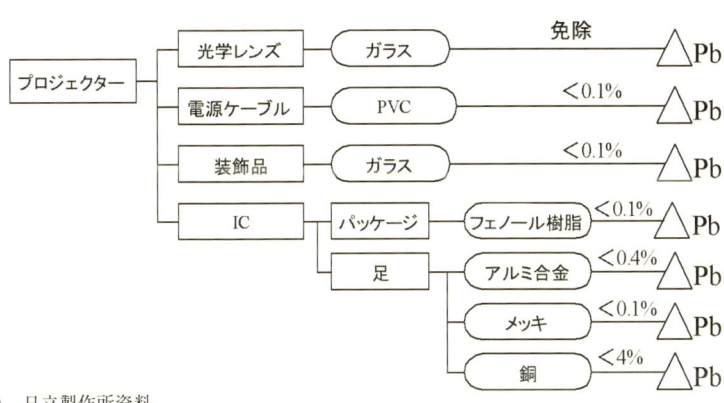

図表6－10　RoHS指令の遵守のために求められる情報管理のレベル

```
プロジェクター ─┬─ 光学レンズ ─── ガラス ─── 免除 ─── △Pb
              ├─ 電源ケーブル ── PVC ───── <0.1% ── △Pb
              ├─ 装飾品 ─────── ガラス ─── <0.1% ── △Pb
              └─ IC ─┬─ パッケージ ─── フェノール樹脂 <0.1% △Pb
                     └─ 足 ─┬─ アルミ合金 <0.4% △Pb
                            ├─ メッキ   <0.1% △Pb
                            └─ 銅      <4%   △Pb
```

(出所)　日立製作所資料

　世界中のサプライチェーンについて情報を収集し管理するのは世界本社が果たさなければいけない必須の役割だ。そのような機能なしには、ステークホルダーとの対話どころか、今や製品設計さえ困難なのである。サプライチェーン・マネジメントに関する情報システムの構築は急務である。

■サプライチェーンの組み直し

　世界本社の役割は既存のサプライチェーンの管理にとどまらない。CSR上の要請に応じてサプライチェーンの再設計さえ必要となる可能性がある。

　CSR上の要請はサプライチェーンの延伸を難しくしている。より安い部品の調達のため新しい会社と取引することは、同時に様々な環境社会上のリスクを背負い込むことになりかねない。魅力的な価格の提示の裏側には児童労働があるかもしれず、未処理排水の垂れ流しがあるかもしれない。現に危険物質の管理をするグリーン調達がサプライヤーを篩にかけている[28]ように、CSR上

---

[28]　一例として、日本経済新聞2005年3月22日付「富士ゼロックス部品・材料調達先3分の1、200社に絞る」参照。

の要請はサプライチェーンに参加できる企業数を縮小させている。部品に微量の禁止物質が混入していた時の潜在的損害規模を考えれば、新しい納入先を追加することに慎重になるのは当然である。

サプライチェーンが地理的に収縮する可能性もある。クーデターで民主的正当性のない軍事政権が政府を掌握すれば、その国の企業と取引を行うだけで人権侵害への加担の嫌疑がかけられかねない。

リサイクル規制も同様の効果を持ち得る。リサイクルには、部品を素材まで戻してから再使用する「マテリアルリサイクル」、部品をそのまま新製品に組み込む「再利用」がある。後者は、廃品の中の使用可能な部品をそのまま新しい製品に組み込むやりかたである。EUはリサイクル政策の方向として「再利用」を優先的に推進することを明確にしている。しかし、部品を再利用するためには、製造工場まで使用済み部品を運搬しなければいけない。これは、将来、廃製品の発生地と製造地点が離れていることが企業にとって大きな重荷になりかねないことを意味する。リサイクル規制が各地で強化されていけば消費地生産が合理的な選択となり「世界の工場」という概念が成り立たなくなる可能性さえある。

■個人情報に関する情報チェーンの見直し

業務のグローバル化は製造過程に限られない。人事、マーケティング、研究開発等様々な機能がネットワーク化され、最適な場所で遂行される。グローバルな人事システムをもち海外子会社の社員評価を世界本社で一元的に行うケースや、さらに人事情報などの管理業務を人件費の安い第三国で行う例がある。また、海外顧客の情報は新商品開発や経営戦略を立案する上で不可欠である。様々な面で企業内の情報の流れも世界規模となりつつある。

EUの個人情報保護指令は第1章でも触れたようにEUと同等の水準の適切な保護を与えているとEUが認める国以外の第三国にヨーロッパ市民の個人情報を移転することを原則として禁止している。例えば、ヨーロッパの顧客情報

をインドで処理するためには、原則として顧客から了解をその都度得る必要がある。多くのグローバル企業の頭痛の種となっている第三国移転制限条項だ。

欧州委員会が策定した厳格な契約条項に加えて、4年にわたる交渉の末に産業界が策定した標準契約条項に基づいてヨーロッパ市民の個人情報を域外に移転することが認められた(図表6－11参照のこと)。重要な前進であるが、しかし、拠点間毎に契約締結の手続きが一々必要であることに変わりはない。産業界、特に多国籍企業の声として、ドイツの顧客情報をアメリカ本社を経由して第三国に移転する等、組織の内でグローバルに情報を移転する自由を求めている。第1章(29ページ)で述べたとおり拘束的企業ルール(BCR：Binding Corporate Rules)という手法が欧州委員会の諮問委員会より提起された。しかし、拘束的企業ルールは、EU個人情報保護指令が要求する厳格な規定と、企業の自主的な取組みの間の中間的な位置付けであり、両者の差を実際の運用の中で埋めていくには、まだ時間がかかると予想される。まして、個人情報管理のアウトソースといった、ビジネスモデルの変化の著しい今日では、尚更である。

一方、EUは個人情報の利用に他国よりも強い制限を課している。このため、他国がEUと同等の保護水準を満たしているとEUから認められることは難しい。日本も例外ではない。したがって、日本企業はヨーロッパで入手した個人情報の取扱いに細心の注意を要する。日本経由で第三国に情報を送る難しさは既に述べたが、在欧子会社から日本本社に従業員や顧客などに関する情報を移転するだけでも、EU加盟国の法規に従い手続きを踏むことが必要である。

CSRは企業の製造機能の分散、集中、人事など間接部門の統合度合いなどグローバルなオペレーションの形態そのものに影響を及ぼす。世界本社は様々なCSR上の要請や法令規制を勘案し、グローバルな事業展開を最適化していく必要がある。日本全体で産業界が築き上げてきた世界的なサプライチェーンを守り強化するという視点も必要だ。予期せぬリスクに直面することのないよう、投資先政府やNGO等と密接な協力、情報交換、必要な場合には海外の政策形成過程に直接参加することが必要である。

図表 6 － 11　産業界提案による標準契約条項が認められたことを伝えるプレスリリース（抜粋）

[ICC International Chamber of Commerce - The world business organization]　[AMCHAM EU - American Chamber of Commerce to the European Union]

[FEDMA - Federation of European Direct Marketing]　[Japan Business Council in Europe]　[ICRT - International Communications Round Table]

[EICTA - European Industry Association | Information Systems | Communication Technologies | Consumer Electronics]　[CBI - The Voice of Business]

EU 国際的データ移転の条項を認める

　2004年12月27日、欧州委員会は7つの国際産業団体から提案されていた標準契約条項を、EUの個人情報保護指令の定める「十分な水準の情報保護」を提供するものとして、認可した。企業は、2005年4月1日よりEU域外の情報管理主体に情報移転を行う際、標準契約条項を法的根拠とすることができる。当該条項を支持している産業団体は、アメリカ商工会議所（AmCham EU）、英国商工会議所（CBI）、欧州情報通信技術工業会（EICTA）、欧州ダイレクト・インターアクティブマーケティング産業連盟（FEDMA）、国際商工会議所（ICC）、国際通信円卓会議（ICRT）及び在欧日系ビジネス協議会（JBCE）である。今回の認可は、4年にわたる交渉の結果であり、欧州委員会が民間セクターの提案した情報移転のメカニズムを公式に認めた初めての例である。本条項は国際ビジネスが個人情報をEU外に移転するための追加的手段となる。今回の欧州委員会の認可が、7団体が求めているグローバルな情報移転を可能にするための、「拘束的企業ルール（Binding Corporate Rules）」のような解決策が認められるための重要な一歩となることが期待される。

（出所）　JBCE資料

欧米では産業界と政府が二人三脚でそのような取組みを行っているが、海外での日本政府と日本企業の協力は一般に希薄である。日本は大企業といえども事業に直接関係が薄い社会的事象についての海外情報の収集、消化はまだまだ不十分であるし、ましてや相手国政府や市民団体との関係での連携となると欧米企業にはるか後塵を拝している。それだけに政府と産業界の協力の余地は大きい。

■競争力につながるCSR

　CSRへの取組みを通じて企業のこれまでの方針や業務方法を見直すことが可能となる。当然と思われていたことも、CSRの視点から見ることによって、競争力上不合理であったことに気づくこともある。現在の人事政策は従業員の士気を高めることに成功しているだろうか。従業員の成長は企業の社会的責任であり、同時に企業の成長の原動力である。従業員への説明責任はCSRの核である。

　コーポレートブランドとして現れる組織力に十分な配慮が払われているだろうか。人間は経済的動機だけで満たされるものではない。従業員が誇りを持てる会社であるために、CSRへの取組みは欠かせない。

　多くの企業がグローバルに事業展開をしているにもかかわらず、日本本社は日本のことしか見ていないのではないだろうか。学習基盤を日本から世界に広げ、世界的な社会動向を理解し業務に取り込めるよう情報感度を高める必要がある。同時に、世界本社としての機能を再検討し、世界本社への集権と海外子会社への分権の最適なバランスをとることも課題である。CSRを企業の競争力に活かすためには、CSRへの取組みをあらゆる業務に統合しなければならない。

第7章

日本はいまCSRで
なにをすべきか

地域や国によって CSR の中身は一様ではない。しかし、一方で「ヨーロッパの CSR」や「アメリカの CSR」と異なる「日本の CSR」を探すことは回り道かもしれない。「ヨーロッパの CSR」や「アメリカの CSR」は先験的に存在するわけではない。それぞれの社会が持続可能な発展を妨げる社会問題、環境問題を解決する方法を模索する中で次第に形をとってきたものだ。「日本の CSR」も日本が将来の世代にわたって発展するために今解決しなければならない社会問題、環境問題を特定し、その解決への企業の貢献方法を考える中で浮かび上がってくるだろう。本章では筆者なりに社会が必要としているステークホルダーの役割について私見を述べる。しかし、本当の答は、社会を構成する全てのメンバーが参加し、考え、対話する過程のみが出すことができる。CSR は国民運動としてはじめて生命力を持つ。

7.1 持続的発展のために解決しなければならない問題

■現代日本が求める CSR の項目

　日本の社会問題を正面から見据えようと試みた例がイギリスのケーブル・アンド・ワイヤレス社、サステナビリティ社、CAC－社会起業家研究ネットワークの共同作成による「企業のコミュニティ投資：市民のニーズに応える社会貢献へ (Corporate Community Investment in Japan)」である。本レポートは、自社の取組みをアピールする報告書ではない。図表 7－1 に挙げた経済の変化に起因する5つの問題、生活様式の変化に起因する5つの問題、計 10 の優先的に解決が必要な社会問題を特定し問題の所在を鮮明に描いている。また、この優れた報告書が日本市場に参入した外国企業を中心にまとめられた事実も注目に値する。

　同報告で優先課題とされた若年層の失業にも関連するが、将来を担う人材の育成について近年日本は大きな屈折点を経験しているように見える。2005 年 3

図表7－1　日本社会の10の課題

経済の変化に起因する課題
1）ホームレス・若年層の失業・自殺の増加
2）犯罪と不安感の増大
3）外国人の増加と偏見
4）食の安全性への信頼低下
5）コミュニティの崩壊

ライフスタイルの変化に起因する課題
6）不登校児童・生徒の増加
7）女性就労への障壁
8）ドメスティック・バイオレンスと児童虐待の増加
9）情報化社会の負の影響
10）急速な高齢化

（資料）サステナビリティ社、CAC－社会起業家研究ネットワーク、ケーブル・アンド・ワイヤレス「企業のコミュニティ投資（Corporate Community Investment in Japan）」

月、内閣府は、いわゆる「ニート（通学も仕事もしておらず職業訓練も受けていない人々）」が85万人に上ったと発表した（図表7－2参照のこと）。フリーターも年々増大し、2002年には200万人を超えている（図表7－3参照のこと）。

多くの問題が深刻化する様相を帯びている。果たして日本の社会は持続可能な発展の軌道の上にあるのであろうか。日本のCSRとは、日本が持続可能な発展を実現するための方策に他ならない。

■世界的構造変化が求めるCSRの項目

日本社会は世界的な構造変化の影響を同時に、また直接に受ける。国内だけに視点をおいていては問題の所在が見えないこともある。図表7－4は、ISO諮問グループが挙げたCSRの概念に影響を与える世の中の変化の例をまとめたものである。

図表7－2　ニート数の推移

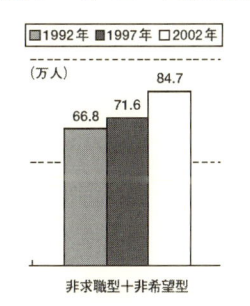

（出所）内閣府青少年の就労に関する研究会若年無業者に関する調査中間報告、2005年

図表7－3　フリーター数の推移

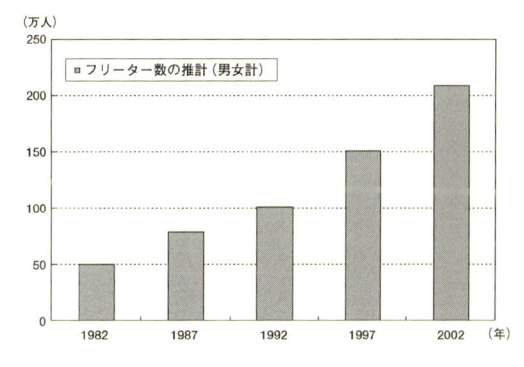

（出所）経済産業省平成16年版通商白書

　ここに挙げられているのは世界的な変化の潮流であるが、当然のことながら日本社会はその影響から遮断されてはいない。
　―グローバル化
　　　日本の労働者は知らず知らずのうちに外国の労働者との競争に巻き込まれている。相対的に安価な報酬で勤勉に働くことを厭わない労働者は知識労働を含むあらゆる分野にあふれている。同時に外国からの労働者の流入は様々な影響を日本社会に与えている。
　―貿易自由化、規制改革
　　　規制緩和は企業行動の自由度を高めているが、同時に企業が社会的責任を問われる領域も拡げている。
　―環境／持続可能な発展の要因
　　　省エネをはじめ環境面で世界のトップランナーである日本社会は、それゆえに更なる前進には多大なる努力と知恵が必要である。
　―労働／サプライチェーン行動規範の要因
　　　従業員の公正な処遇や人材への投資などの労働問題は途上国特有の問題ではない。日本国内にも様々な問題が対処されないままになっている。多くの企業がリストラを行う中で問題が深刻化している。
　「日本のCSR」を考える際にまずなすべきことは、CSRを通じてどのような

図表 7 − 4　CSR の概念に影響を与える世の中の変化の例(ISO 諮問グループ(AG)作業報告書より)

背景の項目	内容（必ずしも AG で合意された内容ではない）
グローバル化	①グローバル化で、商品、情報、サービス、資本の交換が著しく増加したことで世界的な相互依存性や収斂が起きた。 ②西欧諸国の市民が、企業はその活動が操業する地域社会に著しい影響を与える社会的行為者であり、操業する場所を問わず、高いレベルの配慮をすべきであるとの考えが徐々に広がる。本拠地の国内だけで倫理的にふるまうことは徐々に許されなくなる。
貿易自由化、規制改革	①世界で増加している社会的および環境問題に適切に対応する能力が、一部の政府に欠けているとの声も市民のなかにある。 ②貿易自由化とグローバル化の経済的利益が公平に配分されているかどうかについての懸念が、社会の一部の部門、特に発展途上国にある。 ③一部の企業は、市民、消費者、労働者、地域社会、取引先、政府などに対して、法令を遵守し、社会規範を守り、社会的貢献を積極的に行うことで、自社の法規制遵守などへの決意を実証しようとしている。
環境／持続可能な発展の要因	① 1960 年代以降、企業の環境パフォーマンスは、かなりの一般の関心領域として出現し、多数の異なる取り組みが行われるようになった。 ②持続可能な発展に関する国連リオ会議（1992 年）、持続可能な発展に関するヨハネスブルグ世界首脳会議（2002 年）などで「持続可能な発展」の概念が知られるようになった。 ③CSR の基礎として"ビジネスケース"(ビジネス上で正当化できる理由）がある。これは主として環境や社会の利益になる取り組みは、企業財務にも貢献するという考え方。例えば、コストは、エネルギー効率を良くすることによって削減できる。"善いことをすると、経済的利益が得られる"という概念は、主として環境面から現れたものであり、CSRの概念にも影響を与えている。
労働／サプライチェーン行動規範の要因	①供給業者に適用することを意図する労働慣行基準を企業が採用したことは、社会的責任の現在の概念と実施の進展に大きな影響を与えた。 ②供給業者の行動基準は、次の２つの重大かつ長期の進展によって提起される企業の責任に関する疑問に対応するので重要。 ・企業は、当局が労働基準の順守を採用していなかった場合または労働基準の順守を施行しようとしなかった場合でも、供給業者が労働基準を順守することを確実にしようとして供給業者（に守らせる）行動基準を採用した。 ・企業の価値を決定する上でブランド名、評判のような無形物の重要性が高まっている。供給業者行動基準は、ブランドの評判に対する"リスクマネジメント"の１つの手段となっている。リスクマネジメントは、社会的責任活動にかかわる企業のための"ビジネスケース"（正当化の理由）の強力な一部分となった。

（出所）森哲郎著「ISO社会的責任(SR) 規格はこうなる」日科技連出版社　2004年

7.1 持続的発展のために解決しなければならない問題

問題を解決すべきなのか、解決可能なのかを明確にすることだ。

■ 求められる経営者の新しい CSR 観

　企業の社会的責任論は常に時代時代の状況を反映してきた。図表7－5は、過去に遡って経済団体による企業の社会的責任に関する提言とその背景をまとめたものである。

　いつの時代、どのような状況下においても、一般市民に将来の不安を感じさ

図表7－5　海外現地生産時代における企業の社会的責任
「経済団体による主要な企業の社会的責任の提言とその背景」

タイトル （提唱団体）	年　月	内　容	背　景
経営者の社会的責任の自覚と実践 （経済同友会）	S31.11	①安価かつ良質な商品を生産し社会に提供 ②企業が社会的責任を実践し得る経済的、社会的環境の整備	戦後の混乱・復興期を経た日本経済の新たなる発展への貢献
経営理念と企業活動 （経済同友会）	S39.5	経営者の最大の責任は企業利益の増大に最善の努力を尽くすこと	高度経済成長の実現と国民生活の急速な向上
社会と企業の相互信頼の確立を求めて （経済同友会）	S48.3	①安全な財・サービスの供給 ②公害防止、資源の有効活用等への積極的対応 ③福祉社会実現への努力 ④公正な企業活動の遂行 ⑤社会との積極的な対話と情報の提供	高度経済成長の歪の現出 ↓ 社会との調和を実現する方向での企業経営の遂行
福祉社会を支える経済と我々の責務 （経済団体連合会）	S48.5	①適度な経済成長の持続 ②エネルギー消費の合理化と節減 ③企業の社会的責任の遂行 　（公害防止・地域社会との融和・消費者の信頼） ④国際経済との協調	

（出所）日立総合計画研究所著「海外現地生産時代における企業の社会的責任」日立総合計画研究所
　　　　1988年

せる問題が存在する。戦後経済復興の時代、高度成長の時代、公害の時代、各時代に応じた企業の責任が論じられてきた。企業責任の中身は時代とともに変化する。時とともに社会的に処方がなされ、替わって新しい課題が浮上する。戦後復興期の企業には「安価かつ良質な製品を生産し社会に提供」することが求められた。しかし、今日のCSRは高度経済成長期のように「企業利益の増大に最善の努力を尽くすよう」求めるために議論されているわけではない。

日本の経営者の意識はどうだろう。図表7-6のとおり経済同友会の調査によれば、CSRに含まれる内容として経営者が考えるのは、「よりよい商品・サービスを提供すること」が最も高く、次いで「法令を遵守し、倫理的行動をとること」が高い割合を占めた。続いて「収益をあげ、税金を納めること」、「株主やオーナーに配当すること」という項目が3番目、4番目である。

納税や配当が重要項目の上位に登場するように多くの経営者の意識の中で経営者の一般的役割とCSRは区別されていない。CSRが持続可能な発展という今日的政策課題の文脈の中で生まれた理念であるという認識は強くない。過去にも企業の社会的責任は論じられたが、持続可能な発展という概念は意識され

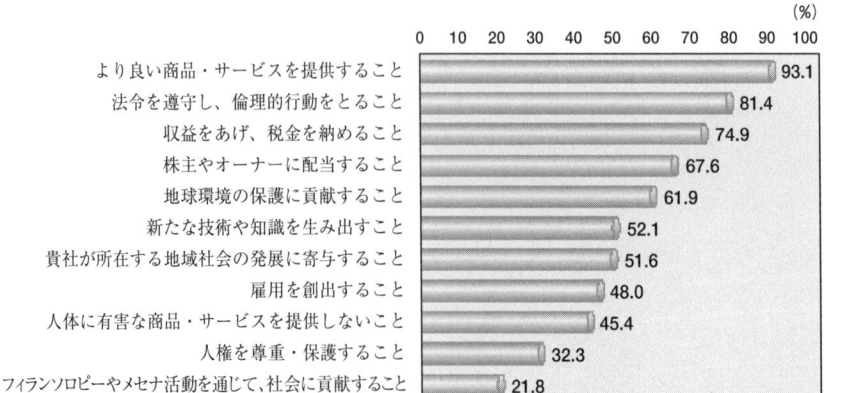

図表7-6 経営者からみたCSRに含まれる内容

項目	(%)
より良い商品・サービスを提供すること	93.1
法令を遵守し、倫理的行動をとること	81.4
収益をあげ、税金を納めること	74.9
株主やオーナーに配当すること	67.6
地球環境の保護に貢献すること	61.9
新たな技術や知識を生み出すこと	52.1
貴社が所在する地域社会の発展に寄与すること	51.6
雇用を創出すること	48.0
人体に有害な商品・サービスを提供しないこと	45.4
人権を尊重・保護すること	32.3
フィランソロピーやメセナ活動を通じて、社会に貢献すること	21.8
世界各地の貧困や紛争の解決に貢献すること	3.6

(出所)(社)経済同友会「第15回企業白書「市場の進化」と社会的責任経営」2003年

ていなかった。一方、現代のCSR論は持続的発展という大目的を達成するための方法論の一つとして登場した、特定の「企業の社会的責任」である。この点は見失われがちだ。CSRはあらゆる社会問題を解決しようとする運動ではないし、企業の慈善精神を奨励する運動でもない。まして製品やサービスの質の向上のために持ち出されたものではない。CSRの基本的要請は社会が将来の世代にわたって持続的に発展するために必要な対処を企業が引き受けることである。

　CSR成功の条件として経営者のコミットメントの重要性が強調されることが多い。たしかにそのとおりだが、その前に経営者のCSR観が問い直される必要がある。求められるのは社会の持続的発展に対するコミットメントなのである。

7.2 ステークホルダーとしてのNGOを育てる

■ NGOを探す企業

　企業がNGOからの圧力を感じる程度は欧米よりも低い。企業活動によって直接間接の影響を受けるステークホルダーは、企業行動を修正すべく能動的に企業に働きかける存在だ。しかし、日本ではむしろ企業がNGOにご意見伺いに回るという逆転した関係が見られる。NGOから企業に対する抗議行動は例外的で両者の間には緊張関係が成り立っていない。ステークホルダーとしてのNGOは本来企業と利益を異にする存在である。それがゆえに両者の間にはコミュニケーションが必要であり、ステークホルダー経営が必要なのだ。NGOがもし存在しなければヨーロッパがCSRを生むこともなかったかもしれない。

　日本では企業はステークホルダーたるNGOを捜し求めることからはじめなくてはいけない。経営者からみたCSRに含まれる項目が漠然と広がってしまうのもNGOから具体的要求が突きつけられない以上仕方ないのかもしれない。

NGO の成長は日本に緊張感ある CSR が根付くための必要条件である。

■国際政治の表舞台に登場した NGO

　NGO を政策決定の表舞台に登場させたのは国際連合である。発展途上国の経済開発の行き詰まりを打開するために民間の声をより直接反映させることを狙い 1975 年に NGO の国際連合への参加を提唱している[29]。多国間交渉の舞台で NGO が最大の存在感を示したのは、1999 年のシアトル WTO 閣僚会議であった。環境保護団体、人権団体など多種多様な NGO が激しい、時に暴力的な、デモンストレーションを展開したことはまだ記憶に新しい。以降大規模な政府間会議の際には常に NGO のパフォーマンスがマスコミに取り上げられる。

　いずれにせよ、NGO の一つの本質が意見を表明し、世論を喚起しながら政府、企業の行動に影響を及ぼすことにあることに変わりはない。このような活動を NGO の世界ではアドボカシィ（advocacy）と呼んでいる。

■アドボカシィ型 NGO とコミュニティ支援 NGO

　アドボカシィを活動内容とする NGO と、もう一つ別の類型としてサービス提供型の NGO が存在する。サービス提供型 NGO の重要な機能は政府の手が十分にとどかない、もしくは政府よりも NGO がより効果的に提供できる社会的サービスを非営利で提供することである。高齢者福祉、児童福祉、障害者福祉、教育、生涯学習指導、芸術・文化振興、犯罪防止、災害防止、災害時の救援、自然環境保護、国際交流など多様なサービスを供給する NGO が存在する。多くの場合市民ボランティアを組織し、ボランティア経験の機会を市民に提供するという機能も持っている。このような活動はコミュニティの実情に応じてきめ細かに行われており、コミュニティ支援活動と呼ぶこともできるだろう。

---

[29]　勝又嘉良、岸真清著「NGO、NPO と社会開発」同文館出版、2004 年、 5 ページ参照

アドボカシィとコミュニティ支援活動は、必要となる資源やノウハウにおいて異なる部分が大きいため同一組織が双方の活動を行うことは一般的ではない。アドボカシィは政治キャンペーンであり、知名度、世論喚起の技術、政府や大企業と伍していくだけの専門的知識、案件によっては国際的協力体制や外国のNGOと連携できるだけの力も必要となる。当然それらを支える資金力も前提となる。

一方、コミュニティ支援活動は地元密着型であり地域の現状をよく理解し志を同じくするボランティアを組織し動員できる力が求められる。手弁当型の活動で企業や政府と対立関係に立つケースは例外的だ。むしろ企業や政府は後援者として位置付けられることが多い。

国内でNGOに関する唯一の包括的調査である、内閣府の「市民活動レポート」2001年版からNGOの現状を見てみる。

同レポートの調査対象は、「継続的、自発的に社会貢献活動を行う、営利を目的としない団体で、特定非営利活動法人及び権利能力なき社団（いわゆる任意団体）」である。ここでは便宜的に特定非営利活動法人及び任意団体をあわせてNGOと呼ぶ。

国内には約88,000のNGOが活動している。活動分野は、高齢者や障害者の生活支援など保健・医療・福祉に関わる団体が圧倒的に多く、43.1%を占める。続いて、11.1%が街づくり、9.8%が自然保護など環境の保全に関する活動を行っている（図表7－7参照のこと）。

活動範囲は一つの区市町村内で活動するNGOが6割強、一つの都道府県の範囲内で活動するNGOが全体の9割近くを占める。人的資源については、3分の2のNGOは常勤スタッフを置いていない。6人以上のスタッフを有している団体は7%に過ぎない。財政規模は30万円未満の団体が全体の半数、1000万円以上の団体は4.1%である。収入源は、会費34.3%、行政からの補助金17.2%の順である（図表7－8参照のこと）。

調査結果からは、地域に密着した課題に手弁当で取り組むNGO像が浮かび上がる。日本のNGOはコミュニティ形成において大きな役割を担ってきた。

図表7－7　市民活動レポート―活動分野

N＝4,009（％）

- 保健・医療・福祉　43.1
- まちづくり　11.1
- 環境の保全　9.8
- 文化・芸術・スポーツの振興　6.9
- 国際協力　5.4
- 子どもの健全育成　4.7
- 社会教育の推進　4.0
- 地域安全活動　1.8
- 災害救援活動　1.1
- 人権の擁護・平和の推進　1.1
- 男女共同参画　1.0
- NPOの団体への助言・援助　0.7
- その他　4.8
- 無回答　4.4

（出所）内閣府国民生活局編　「2001年市民活動レポート」2001年

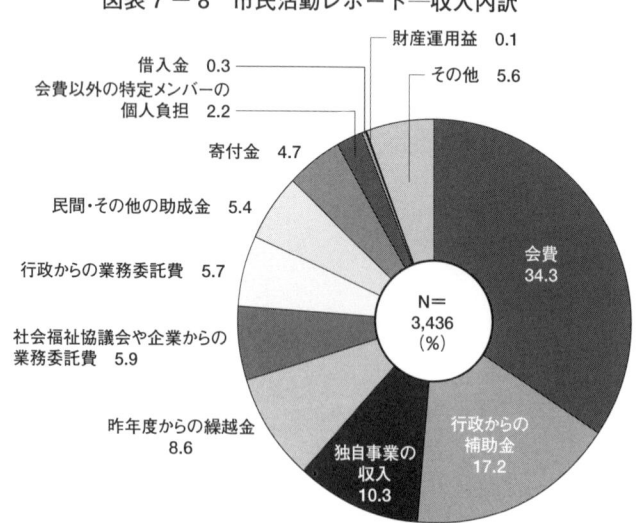

図表7－8　市民活動レポート―収入内訳

N＝3,436（％）

- 会費　34.3
- 行政からの補助金　17.2
- 独自事業の収入　10.3
- 昨年度からの繰越金　8.6
- 社会福祉協議会や企業からの業務委託費　5.9
- 行政からの業務委託費　5.7
- 民間・その他の助成金　5.4
- 寄付金　4.7
- 会費以外の特定メンバーの個人負担　2.2
- 借入金　0.3
- 財産運用益　0.1
- その他　5.6

（出所）内閣府国民生活局編　「2001年市民活動レポート」2001年

一方、政策提言を行い政府、企業の行動に影響を及ぼすことを旨とするアドボカシィ型 NGO の存在は海外に比べ際だって希薄である。環境の分野だけに限定しても国際的 NGO の日本組織がわずかに該当する程度ではないだろうか。

CSR に関して企業のステークホルダーとして期待されているのは政府、企業と建設的緊張関係を構築できるアドボカシィ型 NGO である。企業に行動の修正を迫ることはステークホルダーとしての NGO の重要な役割である。環境ロビーないし人権ロビーと企業との関係は理念と利益の衝突という対立側面抜きには語ることができない。攻撃性はアドボカシィの不可欠な要素だ。利益が相反するが故に対話が必要となる。「ウィン・ウィン」の協力も重要であるが、共同事業型のチャリティのみでは NGO は怖い存在にはならない。NGO から企業への圧力欠如は日本の CSR が法令遵守や社会貢献事業といった葛藤の小さな分野に傾斜する背景の一つでもある。

■ アドボカシィ活動の事例

数少ないアドボカシィ型の環境ロビー活動の例に食品会社が予定していたリターナブル瓶からペットボトルへの容器の転換を押しとどめたケースがある。環境保護団体の主張の中心は容器包装リサイクルの企業責任にある。容器包装リサイクル法に基づき、リターナブル瓶は通常自治体を介さずに回収しリユースされ、ペットボトルは自治体の分別回収を経てリサイクルされる。リターナブル瓶からペットボトルに容器を変更することによって、新たに回収に係るコスト負担が自治体に発生することになる。NGO はこの点を攻撃した。

リサイクル責任をメーカーに課すことによって製品の設計変更など企業努力を促すことは「拡大製造者責任(expanded producer responsibility)」としてヨーロッパでは確立した政策原則であり、環境保護団体の主張は説得力あるものである。同環境保護団体のウェブサイトは次のように主張する。「ごみ問題の悪化やエネルギーの非効率な利用につながるとして、ビール容器のペットボトル化に反対しています。生産者の責任のもとで管理されているリターナブル

ビンと違い、ペットボトルはその処理責任の大部分を「自治体(税金を使用)」に移行してしまいます。すでにリターナブルビンという優れたシステムを持っているメーカーは、その企業の社会的責任を放棄すべきではありません。[30)]」
　他方、本キャンペーンについては疑問点もある。
　①容器リサイクルの企業責任を訴えているが、環境団体の主張は事実上瓶からペットボトルへの素材転換そのものへの攻撃となっている。
　②一方、瓶からペットボトルへの容器の転換は広く一般的に行われているが、容器をペットボトル化している企業に対する反対キャンペーンは過去行われていない。
　③対象となった企業よりも大量のペットボトルを使用している企業は数多く存在するにもかかわらず、他企業はターゲットになっていない。
　以上の点からキャンペーン対象となった企業が運悪くスケープゴートにされたという被害者意識をもっても不思議ではない。
　このような問題点は指摘できるものの、NGOの圧力が企業の事業に直接及ぶことを示した例として先駆的であり、また、容器包装リサイクルに関する将来の政策方向の議論にも一石を投じるであろう点で、我が国では例外的に本格的なアドボカシィ活動であることは間違いない。キャンペーンが唐突な印象を与える点については、本質的に団体の資金的、人的リソースの制約に起因するところが大であり、NGOが体系的で企業にとっても納得がいくキャンペーンを行うためには、むしろNGOセクターの強化が必要であることを物語っている。

■ステークホルダーとしてのNGOに求められるもの

　第4章においてステークホルダー経営の背景には社会の構造変化があると述べた。政府の存在が縮小している事実はNGOセクターにどのような意味を持

---

30)　グリーンピースジャパン　ウェブサイト参照
　　http://www.greenpeace.or.jp/campaign/toxics/zerowaste/petbeer/

つであろうか。ステークホルダーとしてのNGOの重要性が増すことは明らかだが、同時にNGOにはより高度な機能が求められるだろう。

政府は様々な分野に関する専門知識と経験を有している。政府が仲介者として間に立つ場合、市民社会は生のまま苦情を政府にぶつけるだけでも足りた。政府は陳情や要望を受けて、様々な要素を勘案し分析しながら問題解決方法を法律や規制の形にする。しかし、市民社会と企業が直接向かい合う場合、いかなる大企業ともいえども社会分野や環境分野に関する知見や資源には限界がある。企業は企業の言葉で語る。市民社会は市民社会の言葉で語る。政府という通訳はいない。両者の対話が形だけの年中行事になるリスクは決して低くない。NGOはより高度な知識や専門性を備えるとともに企業との間で有効な意思疎通ができるよう能力を磨く必要がある。

■政策人材市場の形成

鍵は人材にある。ヨーロッパでは政府、企業、NGOの間に共通の人材市場が成立しつつある。NGOの事務局長がグローバル企業の渉外部長経験者であったり、政府の課長がNGOに転出したり、また、NGOから政府や産業団体に転職することは日常的に起こっている。国際的な人権NGOであるイギリスのアムネスティ・インターナショナルに就職を希望する人の半数以上が民間企業在籍者だという。NGOでの経験が将来のキャリアパスにつながることもその理由の一つとされている[31]。

イギリスの中央省庁の課長職から障害者の利益を代表するNGOに移った友人は、心配する私に笑いながら答えて曰く「ごく普通の転職ですよ。給料も上がるし、NGOで経験を積めば将来より高い地位で政府に戻ることができるかもしれない。」

実際、NGOと民間企業のマネジメントの双方を経験した人の多くがNGO

---

31) Financial Times Asia 2005年5月5日付 "Special report international public sector" 参照

の管理運営は民間企業よりも難しいと言う。海外ではNGOの数は増える一方であり、限られた資金を巡る競争は激しく、かつ、目に見えるキャンペーン成果を求めるプレッシャーは高い。一方で、利益のような明確な指標がないため、組織改革に乗り出すのも容易ではない[32]。NGOは優れたリーダーを必要としており、同時に、NGOでの仕事はリーダーシップを磨くよい機会だ。

　ヨーロッパの状況が独特の多層的政府構造に依るところ大であることは事実であるが、日本においてもNGOが効果的なアドボカシィ活動を持続的に展開するためには専門性のある人材や管理能力のある人材が必要であることに変わりはない。理念に燃える少数の自己犠牲に依存した現在の運営形態ではNGOの基盤は拡大再生産されない。ヨーロッパではNGOの財政基盤の強化に政府が協力しているが、同時に企業や政府は積極的にNGOから人材を採用する。NGOでの仕事は政策に携わることを志す人間にとってごく普通のキャリアパスなのである。

　日本も社会の変化にあわせて人材の配置を変えていかなければいけない。日本の現状では民間企業や政府の職を捨ててNGOに転職するには相当な覚悟が必要だ。しかし、企業や政府がNGOでの経験を積極的に評価しNGO経験者を組織に迎え入れていけば状況は変わっていくだろう。欧米のようにNGOから企業のCSR担当部、コンサルティング会社、中央政府、地方政府等へのキャリアパスができれば、キャリアステップとしてのNGOの魅力は断然向上する。長期的には幅広い政策人材市場の形成のきっかけとなるのではないだろうか。

---

[32] Financial Times Asia 2005年5月5日付 "Special report international public sector" 参照

7.3 SRIに期待されるCSRの役割

■影響力があるSRIファンド

　SRIファンドはCSRの取組みに秀でた企業を投資対象とするファンドである。資金調達面からCSRへの取り組みを応援する。ただし、SRIファンドの資金規模はまだ限られており、企業の資金調達上SRIファンドが持つ影響は限られている。特に日本のSRI残高は図表7－9のように非常に小さい。

　しかし、規模と対照的にSRIファンドの存在感が大きいことは日本のCSRに見られる特徴の一つである。マルチステークホルダー・フォーラムにSRIファンドは招かれていないが、日本では政府の研究会を含めCSR関係の会議にはSRIファンドや企業評価会社の代表が参加することが多い。

　このような情況は企業のステークホルダーである市民社会の存在が弱いことの裏返しと考えると理解しやすい。企業はNGOを気にかける状況にないが、SRIファンドの評価には過敏に反応せざるを得ない。自社のCSRにSRIファンドから「御墨付」をもらうためである。ファンドに自社が組み込まれるか否かは白黒はっきりした判定である。横並び意識の強い日本企業にとっては競合他社との優劣関係が明らかになるが故にトップを含めた関心事項となる。新聞雑誌のランキングも同じような機能を有しているが、NGO不在の空間を埋めて企業が「畏怖する」圧力団体の役割を果たしているのはSRIファンドだろう。

■世界のSRIの現状

　SRIファンドに投下された資金の量をみてみる。図表7－9が示すとおり、資金残高はアメリカが圧倒的であり、イギリス、カナダが続いている。イギリスを除けばヨーロッパのSRI資産残高は意外に小さいこともわかる。

　図表7－10は、アメリカ、イギリスの残高推移を示している。アメリカが

第7章 日本はいま CSR でなにをすべきか

図表7－9　世界のSRI資産残高

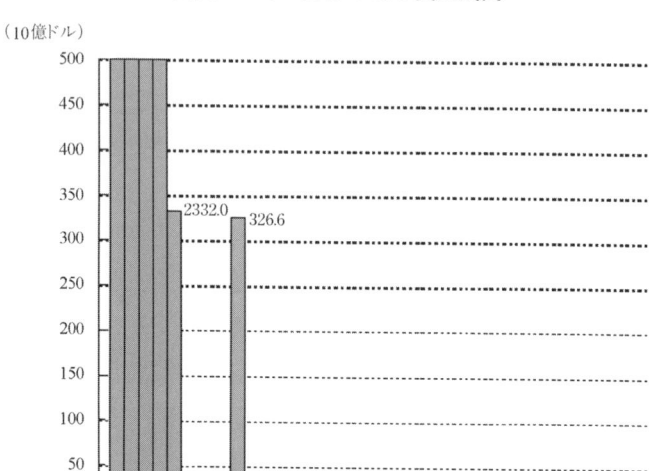

（10億ドル）

米国 2332.0
英国 326.6
カナダ 31.4
ヨーロッパ 17.6
日本 1.9
オーストラリア 1.1

（備考）　ヨーロッパは英国を除く
（出所）　経済産業省平成16年版通商白書

図表7－10　アメリカ及びイギリスのSRIファンド残高の推移

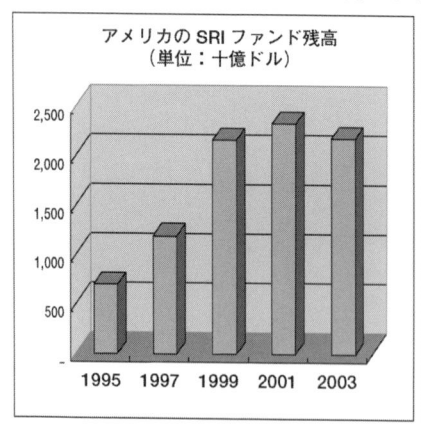

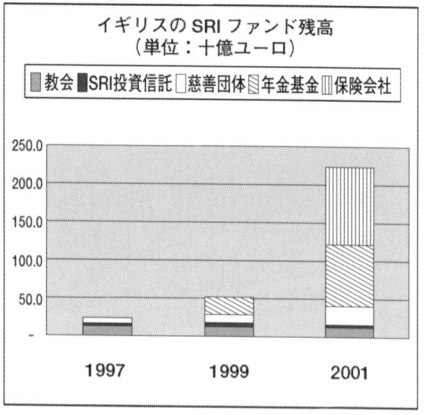

アメリカのSRIファンド残高
（単位：十億ドル）

1995, 1997, 1999, 2001, 2003

イギリスのSRIファンド残高
（単位：十億ユーロ）

教会　SRI投資信託　慈善団体　年金基金　保険会社

1997, 1999, 2001

（出所）　経済産業省企業の社会的責任に関する懇談会第一回会合資料「企業の社会的責任（CSR）を取り巻く現状について」2004年4月

直近多少減少しているものの、両国とも増加基調にあり、特にイギリスは著しい。

　SRIファンドの内容は多様だ。とりわけ、投資銘柄選別方法の別は重要である。SRIファンドの投資銘柄選別の手法には排除選択(Negative Screening)と評価選択(Positive Screening)の2つの類型がある。排除選択は社会、環境などの見地から好ましくないと判断される特定の産業を排除することが多い。他方、評価選択はあらかじめ設定した基準に照らして個別企業を審査し、合格した企業のみを投資対象にする手法である。その双方の手法を組み合わせた折衷型のファンドもある。

　排除選択については酒、タバコ、武器などの特定の製品の製造や販売に関係する企業を除くことが一般的である。一方、評価選択の際に使われる基準は非常に多様だ。環境のみを基準とするもの、社会面も含むもの、法令遵守のみを評価基準にするファンドもある。図表7－11にあるとおり基準もファンドにより様々である。

■ CSRではないSRIの起源

　日本ではCSRに先立ってSRIが登場した。多くの企業にとって内外のSRI調査機関からの質問状がCSRとの出会いであった。年間200を超える質問状を受け取る企業もあるという。「数多くの質問状に対応しきれない。どれに答えたらいいのか教えて欲しい」という質問は企業の偽らざる心境だろう。必然的に企業の目にはSRI＝CSRと映ってしまう。

　しかし、SRIは今日のCSR運動に呼応して形成されてきたものではない。むしろ独自に発展してきたSRIが近年のCSRの議論の中で再発見され、SRIの方法論が利用されていると見るほうが現実に近い。

　SRIの起源がアメリカのキリスト教会の財産運用にあることは広く知られている。最初のSRIファンドは1971年教会関係者が設定した10億ドルのファンドに遡る。教義に照らし特定の産業を投資対象から外す排除選択である。CSRを東西文明の衝突ととらえる向きもあるが、その原因はキリスト教に由

図表 7 − 11　評価選択の基準

FTSE4Good	
排除業種	タバコ、核兵器の主要な部品やサービスを提供する会社、武器製造会社、原発を所有・操業する企業。ウラニウムの採掘製造会社。
環境的持続可能性	環境影響の大中小に業種を3分割し、影響の度合いにより環境方針、環境マネジメント、情報開示についての評価基準、の各項目を評価。影響大＝空港、建設、石油＆ガス etc、影響中＝エレクトロニクス、印刷・新聞 etc、影響小＝情報産業、メディア、調査 etc。
社会問題とステークホルダーの関係	倫理綱領の制定、雇用機会の均等の確保、健康と安全管理マネジメント、従業員教育、良好な労使関係、寄付。
人権	重大な人権に対する影響のある企業（石油、ガス、鉱業）と人権侵害の疑いのある国（27ヶ国）で操業する企業に対してクライテリアを適用。①人権方針の制定、役員会レベルでの責任管理。②ILOのコア労働基準かグローバルコンパクトの署名。③世界人権宣言への明確な支持。④武装したセキュリティ要員の管理ガイドライン。⑤先住民の権利保護の文書、人権方針の実施状況モニタリング。従業員教育、問題のある国において地元のステークホルダーとの連携、人権侵害度のアセスメント、人権レポートの発行。
Ethibel	
排除業種	現在特定の業種は排除していないが、原子力、兵器産業、動物実験、遺伝子組み換えなど社会的なインパクトが大きい事業に関しては特別の評価プロセスを使う。
企業内の社会的方針	労働条件（教育機会、機会の平等、賃金体系、健康安全対策、労使交渉など）。
環境対策	環境政策、環境マネジメント、製造過程と製品の環境パフォーマンス。
企業の対外社会方針	企業の主な事業活動の社会への影響、社会的に問題視される技術への関与、ステークホルダーとの関係、人権配慮、途上国への配慮、寄付。
企業の倫理的事業方針	経済的成長の確保、コンプライアンス、顧客や取引先との持続的建設的関係。
DJSI	
排除業種	タバコ、アルコール、ギャンブル、兵器銃火器を、それぞれ排除した指数、すべて排除した指数も作成。
経済	倫理・コンプライアンス・腐敗と贈収賄、コーポレートガバナンス、顧客満足戦略、財務的強さ、IR、リスクマネジメント、スコアカード・計量システム、企業戦略、業種ごとの評価（ブランド、マーケティング戦略、技術革新、再生可能エネルギー etc）。
環境	環境方針・環境マネジメント、環境パフォーマンス（エネルギー、温室効果ガス、廃棄物、水 etc）環境情報開示、業種ごとの評価（製造プロセス、温室効果ガス、生物多様性、有害化学物質、製品配慮 etc）。
社会	社会貢献、ステークホルダーとの関係、雇用条件、人材育成、知的財産管理、社会性情報開示、従業員待遇、サプライヤーの基準、業種ごとの評価（製品情報、リコール方針、途上国での製造、職場の安全衛生、地域社会への影響、先住民権利、特定のステークホルダーの関心事 etc）。

（出所）経済産業省第三回「企業の社会的責任に関する懇談会」大和総研河口真理子氏説明資料「広がる社会的責任投資（SRI）」

来する企業選別方法が日本に及んでいることにあると思われる。

アメリカのSRI投資残高の大きさは、排除選択を採用する投資ファンドに依存している面が大きい。しかし、排除選択は特定産業、企業を類型的に排除するため、排除対象となった企業の取組が端から顧みられない。武器製造関連の企業が男女平等に意を砕いても、タバコメーカーが障害者の雇用を促進しても、評価の対象にならない。逆に、排除選択によって投資先に選ばれたとしても、外形的な基準を満たしていることしか意味しない。排除選択を行うSRIファンドが持続可能な発展の実現に貢献するものとは言い難い。SRIは常にCSRと等式で結ばれるわけではないのである。

イギリスのSRIファンドは企業との対話を通じて選別を行う評価選択の要素を重視する。日本のSRIファンドの源流はむしろイギリスにある。図表7－12は、日本のSRIファンドを紹介している。日本のSRIファンドは評価選択手法のみで対象企業を選定するのが一般的である。日本のSRIファンドについて積極的に評価されるべき点である。しかし、以下に述べるように評価選択には特有の難しさがある。その克服が日本のSRIファンドの課題となっている。

排除選択を採用する投資ファンドの場合、特定産業を避けた後は投資リターンの最大化を図るべくポートフォリオが組まれる。したがって、個別企業のCSRへの取組みと業績の関係は問題にならない。一方、評価選択によって企業毎にCSRへの取組みを判定して投資先とするか否かを決定する場合、企業のCSRへの取組みと「収益」の関係についての問題を避けて通れない。

SRIファンドの基礎となる考えがトリプルボトムラインである。投資の「収益」を株価の上昇や配当といった経済的収益のみならず、社会面及び環境面の収益という3つの収益の総和で計る考え方だ。トリプルボトムラインの考え方について同意して投資した投資家は、経済的パフォーマンスが思わしくなかったという理由のみでSRIから離れることはないだろう。しかし現実には環境面や社会面の問題解決に貢献できれば経済的な収益を多少犠牲にしてもよいと考える投資家の層の厚さの問題と、SRIファンドが企業のCSRへの取組みの真贋を見極める能力、という2つの問題がある。

図表7－12　わが国のSRIの動向

運用機関	名称	ファンド形態	設定年	社会・環境スクリーン	スクリーニング
日興アセットマネジメント	日興エコファンド	国内株式	1999	環境	グッドバンカー
損保ジャパン・アセットマネジメント	ぶなの森	国内株式	1999	環境	損保ジャパン、みずほ総研
興銀第一ライフ・アセットマネジメント	エコ・ファンド	国内株式	1999	環境	グッドバンカー
UBSグローバル・アセットマネジメント	エコ博士	国内株式	1999	環境	日本総研、UBSプリンソン（スイス）
UFJパートナーズ投信	みどりの翼	国内株式	2000	環境	UFJ総研（協力）
朝日ライフアセットマネジメント	あすのはね	国内株式	2000	環境、雇用、消費者対応、社会貢献	パブリック・リソース・センター
三井住友アセット海上アセットマネジメント	海と空	国内株式	2000	環境(温暖化)	インタリスク総研
日興アセットマネジメント	日興　グローブ	国際株式	2000	経済・社会・環境	サム・サステナビリティ社（スイス）
大和住銀投信投資顧問	Mrsグリーン	国際株式	2001	環境	イノベスト社（米）
UBSグローバル・アセットマネジメント	UBSグローバル40	国際株式	2003	経済・社会・環境	UBSグローバルアセット（DJSI WORLD等参照）
住友信託アセットマネジメント	住信SRI・ジャパン・オープン	国内株式	2003	経済・社会・環境	日本総研
厚生年金基金連合会（野村アセットマネジメントに委託）	コーポレート・ガバナンスファンド	国内株式	2004	コーポレート・ガバナンス	野村アセットマネジメント（厚生年金基金連合会と協議）

(出所) 経済産業省企業の社会的責任に関する懇談会第一回会合資料「企業の社会的責任(CSR)を取り巻く現状について」2004年4月

　トリプルボトムラインを支持する投資家の層が限定的であることから、ファンドに投資家をより多く集めるためには経済的収益性は無視できない。加えて、SRIファンドが営利事業である以上、経済原理としてより多くの顧客を求める誘因が常に働く。

　環境面、特にエネルギー効率の高さや省エネ製品の開発力は財務への効果が直接的である。法令遵守のようなリスク管理体制も財務面との連関が想定しやすいかもしれない。しかし、法令遵守体制を整備した企業の業績が上昇したとしても、たまたま不祥事の打撃から立ち直る時期にあっただけかもしれない。一般に社会的課題への対応と株価との関係は間接的で計測しにくい。図表7－13に示されるような社会指標と営業利益率の間に相関関係が見て取れたとし

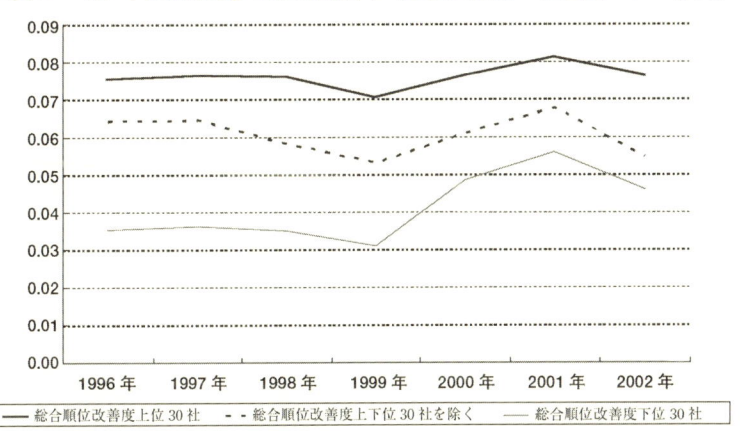

図表7-13 「社会指標」と営業利益率（社会貢献度の改善度による分析）

（出所）　経済産業省平成16年版通商白書

ても、CSRに取り組んだから利益率が高かったのか、それとも経営が好調であったからCSRに取り組む余裕があったのか、その因果関係ははっきりしない。企業のCSRへの取組みと業績の因果関係は統計的に立証される段階には至っていない。

■2 極分化していくSRIファンド

　SRIファンドが収益性を強調すればするほど、社会指標は高収益を得るための道具となる。このような傾向はSRIファンドが年金基金を顧客として取り込もうとする場合特に顕著に現れる。年金基金は受給者の将来の年金受取りが最大になるよう基金を運用する「受託者責任」を負っている。社会や環境問題への配慮のために運用利回りを犠牲にすることは特段の規定がない限り難しい。高収益を強調することはSRIファンドが受託者責任との衝突を避ける最も手短な方法である。ファンドの規模が拡大するにつれ、トリプルボトムラインというSRIの出発点が曖昧になる可能性がある。

　SRIファンドは、次第に従来型のファンドに融合していくファンドとトリプ

ルボトムライン型ファンドに二極分化していくと私は考えている。従来型のファンドのファンドに収斂していくファンドは、企業の環境、社会的側面の分析はあくまで業績予測の一部ととらえる。企業の長期的業績を評価するためには、財務分析のみでは不十分であり、非財務的な指標も検討対象にする必要があるとの考え方である。当然、分析対象となる社会、環境上の側面は利益への影響が説明可能な範囲に限定される。

一方、トリプルボトムライン型のファンドは環境、社会問題解決への貢献度合から企業を評価する。社会環境問題を解決することに主眼がある。両類型は相互に補い合うが、CSR 推進の上でより大きな期待がかかるのは、トリプルボトムライン型ファンドである。規模が小さくても質の高い調査と情報開示によって社会的影響力を持つことができる。他のステークホルダーとともに日本の CSR を新しい時代に先導する役割が期待される。

企業の CSR への取組みの実を判断する能力を高めるとともに、法令遵守と環境対策に偏った現在の企業の取組みを変えていくこともその一つである。現在のところ日本の SRI ファンドの投資銘柄選択の基準は環境に偏っている。日本には環境問題以外にも多くの問題が存在する。SRI の基本理念であるトリプルボトムラインの「トリプル」とは企業活動の環境的側面、社会的側面、経済的側面の3つの側面である。

■ SRI ファンドの「評価の評価」

排除選択は外形的な企業選別であると述べたが、評価選択についても形式に流れる危険は常にある。企業調査の手法としては質問状や面談が一般的であるが、企業もこれまでの経験から SRI ファンドに選ばれるための「正しい」答え方を学習している。SRI ファンドの評価を得るために社内体制を形だけ整えるといった話は珍しものではない。日本の CSR を進めていく上で SRI ファンドにかかる期待は、企業の CSR への取組みの真贋を見極める目利き役としての役割だ。企業調査の質が鍵である。

7.3 SRIに期待されるCSRの役割

　SRIファンドの評価について、アカウンタビリティ社は「SRI調査をレビューする」と題した報告の中で調査機関の調査方法の評価項目として以下のものを提案している。
　―調査手法：
　　・調査の焦点が明確であり重要事項を包含しているか
　　・企業評価基準策定の明確さ（ステークホルダー意見を踏まえているかなど）
　　・調査手法が継続的に改善されているか
　　・個別業界について分析しつつ業種固有の基準をステークホルダーの参加を得て策定しているか
　―情報ソースの質：
　　・広範囲の情報源を使用しているか（企業やステークホルダーへのインタビューを実施しているかなど）
　　・財務や経営戦略に関する情報ソースを活用しているか
　　・企業からの情報収集が合理的であるか（公開資料まで求めないなど）
　　・訪問、電話などを通じ企業との意思疎通をはかっているか
　―調査、マネジメント、過程の質
　　・マネジメントシステムの認証を受けているか
　　・第三者による検証などで調査結果の質と正確さを確保しているか
　　・入手したデータが効率的に管理されているか
　―調査チーム
　　・調査対象企業数に照らし十分なアナリストを擁しているか
　　・多様で十分な経験を持つアナリストがチームを構成しているか
　―調査範囲、顧客サービス
　　・対象企業の活動、組織の十分な範囲を調査しているか
　　・投資家のニーズに応える多様なサービスを提供しているか
　　・投資家がアナリストから直接話を聞くことができるか
　　・企業へのサービス業務の提供がもつ潜在的利益相反を防ぐ方策があるか

- ・企業の継続的監視情報を投資家に提供しているか
- ・調査結果報告の質が確保されているか

―透明性と企業統治
- ・株主構成など組織制度が開示されているか
- ・企業評価基準、調査手法及び主要な調査結果が公開されているか
- ・アドバイザリー委員会の設置やステークホルダーとの公開対話などによって外部意見との整合性をとっているか
- ・調査業務とコンサルティング業務、資産管理業務など間にの利益相反がないか

　日本におけるSRIファンドに関してはまず、SRIファンドは商品の「社会的責任」の意味内容を厳密に定義し、投資家に明かにすることが必要である。法令遵守体制、環境面、社会的側面など、SRIファンドが「社会的責任」として語る内容はファンドによってまちまちだ。投資家は「社会的責任」を理解せずに投資商品を買うことになる恐れがある。

　次に投資銘柄選択の手法の詳細、さらに個々の企業が選別にかなったことの理由も説明されなければならない。社会的責任に共感してファンド商品を買う投資家への責任であると同時に評価対象企業への責任でもある。情報は可能な限り市民社会にも開示されなければいけない。

　さらに、一人のアナリストが担当する企業数、面談実施の有無、調査の独立性も第三者に監視される必要がある。

　2004年10月に米国のナチュラル・キャピタル・インスティチュートから日本の12のファンドを含む世界の602のSRIファンドを対象とした図表7－14のように辛口の研究結果が発表された。SRIに対する批判の例として興味深い。

　日本のSRIファンドはCSRブームの中で批判的検討の対象になることはなかった。しかし、SRIファンドはトリプルボトムライン型であったとしても「社会的責任」を売る営利事業であることにかわりはない。企業審査のプロセスに透明性を欠いたり、コスト削減のために質問状だけで判断したりといったこと

図表7－14　SRIファンドの問題

1. SRIファンドの投資の累積ポートフォリオは通常のファンドと事実上差がない。
2. 実際の企業選抜の手法及び大半のSRIファンドが設けている例外によって、事実上上場企業であればどのような企業でもSRIファンドの投資対象企業となることができる。
3. ファンドの名称と説明は、実際のファンドの投資戦略を反映しておらず誤解を招く可能性がある。
4. SRIファンドの広告宣伝は悪い企業を避けることで世界を改善したいという人々の願いに応えるものだが、そのような広告宣伝は誤解を招くものであることがあり、また、多くの場合実際のポートフォリオとの相関が薄い。
5. 企業選抜とポートフォリオ選定に当たっての透明性及び説明責任が欠如している。
6. （上記の透明性及び説明責任の欠如のため）投資家はSRI投資ファンド間の比較考量をすることができない。
7. 投資先としてグローバリゼーションを進める企業への強く偏った選好がある。
8. 環境選抜基準は緩く環境保護にほとんど貢献しない。
9. SRIファンドの説明はSRIという言葉の説明を含め曖昧で整理されておらず、誤解や投資家の目標の阻害につながる。
10. 株主行動主義がSRIファンドに投資する理由の一つとされているにもかかわらず、SRIファンドが自らそのような行動をとったり、もしくは他の株主の行動を支援することはほとんどない。

（出所）　Paul Hawken, The Natural Capital Institute 著「Socially Responsible Investing −How the SRI industry has failed to respond to people who want to invest with conscience and what can be done to change it.」2004年

になれば長期的に企業評価の軸が曖昧になったり、審査が形式的なものになる恐れも否定できない。企業調査の一定の質が確保されるよう社会的なモニタリングが必要ではないだろうか。SRIファンドに対する期待は大きい。日本のCSRの目利き役としてのSRIが健全に発展してくため、第三者に被評価者である企業も交えたSRI調査の「評価の評価」を提案したい。

7.4 ISO規格のCSRへの意味

■日本ではISOがCSRの火付け役

　ISOがCSRへの関心の火付け役となったことも日本の特徴の一つである。ISOのマネジメント規格は既に品質規格のISO9000、環境規格のISO14001が国内で広く知られている。しかし、両規格への日本の反応は対照的であった。ISO9000について産業界には日本の誇る品質管理とは異質なマニュアル化された形式的手法を押しつけられたという被害者意識が強かった[33]。同時にしたたかなヨーロッパに対抗できるよう日本も標準戦略を持つべしとの声が沸き起こった。

　一方で1996年に発行された環境管理システムのISO14001は企業のみならず地方自治体や病院など様々な組織を巻き込んだ取得ブームを起こした。朝日新聞の天声人語で取り上げられテレビが特集を組み審査や報告書監査といった関連ビジネスが花盛りとなるなど、一種の社会現象にさえなった。しかし、少なからぬ企業はブームに遅れまいと認証を取得したのが現実である。明確な目的意識なしに導入したマネジメントシステムは必然的に形骸化していく。結果として徒労感が漂っているのが今日の実態であろう。

　CSR規格について産業界はCSRへの取組みは企業の自主性にゆだねるべき

---

33)　矢野友三郎著『ISOを理解するための50の原則』日科技連出版社、2000年、50ページ

ものであり、規格という枠組みはふさわしくないと反対してきた。理にかなった主張である。同時に経験に裏打ちされている。ISO9000で経験したようにヨーロッパのやり方を押しつけられることへの警戒感が片方にある。同時にやみくもに認証取得に走り形骸化した14001システムを社内に抱えている企業も少なくない。警戒感と徒労感が入り混じる中ISOがCSR規格を検討するとの報道を境に日本でのCSRへの関心は急上昇した感がある。ヨーロッパと日本における議論の順序は図表7－15のようにまとめることができる。CSRという概念について十分な議論抜きにISO規格について対処しなければならなかったのが日本である。

■ ISO/CSR規格のツールとしての有用性の見極め

　私はISOのCSRガイダンス規格が日本のCSRの進路に与える影響は限定的であろうと考えている。一般にISOマネジメント規格について日本は企業も社会も必要以上に難しく考えすぎる傾向にある。ISOに詳しい経済産業省の矢野氏はこのように述べている。「国際規格は世界の誰でもが理解しやすいように作られたスタンダードである。決して、高等な学位論文や特許ではなく、すべての国の人が理解できるものとして作られている。ISOは難しいと勝手に

図表7－15　CSRマネジメント規格の議論の位置付けの日欧のちがい

ヨーロッパ 社会問題への危機感→企業の責任についての議論→CSRという概念構築→経営に取り込む方策の模索→規格の必要性の有無についての議論 日本 ISOでの検討開始→CSRへの関心→過去のISOマネジメント規格に関する苦い経験→ISO規格とCSRへの警戒感

思いこんでいる場合がないだろうか。[34]」ISO の国連化と述べたが、加盟 148 カ国のどの国の企業も達成できるレベルに設定される規格である。過度な警戒感も ISO 規格がすべてを解決するかのような過大な期待も非建設的であろう。

品質管理システム ISO9000 について矢野氏は「国内ではその内容を十分に理解せず、単に同業他社との競争でバスに乗り遅れまいとして ISO9000 を取得する動きもある。……規格の内容を十分に把握せずに個別の規定事項を守ることだけを先行させると、……形式だけの品質保証になり、長続きしないおそれがある。[35]」と語る。

品質保証規格でさえこのような状況が起こった。概念自体が日本社会に根付いていない CSR については規格が形骸化するリスクはより大きい。もとよりマネジメント規格そのものが悪いわけではない。他国の流儀を押しつけられたくなければ作成過程に積極的に貢献すればよく、また、単なる形式にしてしまうかそれとも真にマネジメント改善に結びつけるのは使用者である企業次第である。

ISO のマネジメント規格の影響は畢竟企業の使い方によるところが大きい。CSR については、来るべき ISO 規格を恐れる前に CSR の概念をしっかり確立することが先決である。土台を得ることによって企業は ISO 規格を相対化し、有用性を客観的に見極めることができるだろう。

7.5 中小企業と CSR

■ CSR に取り組みやすい中小企業

企業の大半が中小企業であり、働く人の大部分が中小企業に職を得ているこ

---

34) 矢野友三郎著「世界標準 ISO マネジメント」日科技連出版社、1998 年、56 ページ
35) 矢野友三郎著「ISO を理解するための 50 の原則」日科技連出版社、2000 年、48 ページ

とを考えれば中小企業とのかかわりを抜きに CSR を論ずるのは片手落ちだ。

ただ、ヨーロッパでも CSR の議論の中心はグローバルに事業を行う「大企業」の社会的責任であり、中小企業は基本的に大企業のサプライチェーン問題として扱われた。しかし、実際のところサービス産業を中心に多くの中小企業が大企業とは独立して事業を行っている。

大企業は SRI ファンドの評価、さらには新聞、雑誌によるランキングなど CSR に取り組むプレッシャーがかかっている。また、ブランド価値の向上や株価対策のために CSR を使いたいという要請もある。しかし、中小企業の多くは、法人顧客からの要求を除けば CSR に取り組まざるを得ない状況にはない。

他方、中小企業は経営者の理念が組織に反映される度合いが大企業よりも強い。一旦方針が決まれば迅速に動けるのも中小企業の利点である。したがって、中小企業の場合、とりわけ経営者に CSR の重要性を訴えていくことが重要であろう。スウェーデンに本社を置く世界最大の家具メーカーのイケア社は途上国の人権問題への対応で広く尊敬を集めている。同社はグローバルな大企業であるが、株は上場していない。同社の幹部は、質問に答え、同社の CSR への投資は社長のリーダーシップの賜物であるが、同時に非上場企業であることも有利に働いていると語った。

大企業は四半期毎の利益を市場から厳しく監視されている。いかに長期的持続可能性を語ったとしても、この現実から逃れることはできない。市場は企業に社会的責任を求める一方で次の四半期の利益も最大化することを求める勝手な存在である。中小企業は大企業に比べ市場からの独立性がある。CSR に取り組まざるを得ない圧力は弱いが、同時に取り組み易い環境にある。

■ EU の中小企業への呼びかけ

欧州委員会では企業総局が「中小企業のための CSR」と銘打って中小企業への普及啓蒙キャンペーンを展開している[36]。以下は呼びかけの一部である。

「CSR は面倒なものと聞こえるかもしれませんが、実は簡単な考え方です。

欧州委員会ではCSRを、社会や環境に関する懸念を事業とステークホルダーとのやりとりの中に自主的に統合することと定義しています。CSRは行わなければいけないものではなく、行うことが可能なものです。機会であり、義務や新しいルールではありません。事業の社会、環境的側面のいくつかを注意深く見ることで事業に付加価値をつける方法です。CSRの定義は知らなくても、また、CSRに取り組んでいると宣伝していなくても、すでにCSRを実践している中小企業はたくさんあります。…他の中小企業の模範例を広く知っていただくことを通じ、責任ある経営者であることが業務上の重要な利点であることをご理解いただきたいと思います。[37]」

■日本の中小企業にCSRを訴える方策

　日本でも2004年6月に中間報告をまとめた経済産業省の社会的責任(CSR)に関する懇談会において中小企業を含めた幅広い産業に、CSRの取組みの重要性を訴えていく上で有効な方策を問うている。図表7－16は委員の回答の一部を紹介したものである。いずれも重要なポイントが挙げられている。

　今や中小企業も直接間接に世界市場とつながっている。世界的なCSR動向の情報に接する機会が中小企業にも与えられることは重要だ。大阪の中小企業のオーナーからブラッセルまでかかってきた電話は今も鮮明に覚えている。取引先から突然ある物質の使用を問われ、今後取引できないと通告されたという。問い合わせのあった物質は日本では何の問題もなく使用可能である。しかし、当時既にEUの廃自動車指令が発効しており、その物質は禁止リストに載っていた。私は電話の主に「EUではその物質を含む自動車の販売も輸入も違法です。」と答えざるを得なかった。下町の中小企業が遠く離れたブラッセルで立

---

36)　欧州委員会企業総局ウェブサイト参照
　　　http://Europa.Eu.int/comm/enterprise/csr/campaign/index_en.htm
37)　欧州委員会 "Corporate Social Responsibility for SMEs" 2004

7.5 中小企業とCSR

図表7－16　中小企業にCSRを広めるためのアイデア

- ○商工会議所や業種団体など、影響力のある組織・団体を通じたPRが有効ではないか。
- ○CSRがどのような経営理念であるか、また、CSRの取組みが、企業のパフォーマンスにどのような影響があるかについての理解を、政府や産業団体が推進すること。大企業は、グループ企業や取引先企業の理解促進のための支援を自主的に行うこと。
- ○経済団体などによるCSR推進のためのチェックリストの作成と活用奨励、経済団体による優秀企業の表彰等インセンティブの活用。
- ○各社がグループ全体としての行動基準、資材調達基準にCSRの側面を明確に盛り込み、展開を図ると共に、情報を共有化する。
- ○親企業に対する環境・社会格付けの実施との公表（サプライチェーンへの対応を評価基準項目に算入）、低コストかつより簡素な標準化システムの導入。
- ○サプライチェーンへのCSRの取組みの奨励（リスクマネジメントの観点からも有効と思われる）。
- ○ベストプラックティスを含めた情報提供。
- ○先進的な中小企業は自主的に取り組むことも想定されるので、行政が主導して、非公開中小企業のCSRの評価などは有効かと思われる。都道府県レベルで、地域内のCSR評価の高い企業を公表すれば、企業PRにもなることから、より普及していくことにつながると思われる。
- ○各企業が自律的に理解できるような、個々のステークホルダーからの情報発信。
- ○CSR推進アドバイザーのようなものを作り、推進役をになわせる。CSR月間などで企業のCSRへの取組みの紹介や評価を実施する。

（出所）　経済産業省企業　社会的責任（CSR）に関する懇談会第3回　配付資料「企業の社会的責任（CSR）に関する懇談会委員アンケート」より一部を抜粋

案された環境規制によって直接影響を受ける。グローバリゼーションの一面だ。このような出来事が今後環境規制にとどまらず、広くCSR全般について起こる可能性は決して否定できない。

　もちろんリスクの観点のみで中小企業とCSRの接点を論じきることは適当ではない。日本の社会のことを企業の規模の別なく考えていくことが基本である。しかし併せて日本の経済を支える中小企業を守る視点を持つことも必要だろう。

7.6 政府の役割

■ CSRを呼びかける

　社会が持続的に発展していくために政府が解決できない問題への対応がCSRの原点である。政府は引き続き法規制等の行政ツールを通じて様々な問題解決に責任を負うが、そのような伝統的な政府の機能及び政府が決定した法規制の遵守はCSRの範疇に入るとは考えられていない。政府はCSRを担う主体とはならないが、一方で社会を構成する重要なステークホルダーの一つであり、ステークホルダーとしての政府に求められる役割がある。

　政府は市民社会や労働組合など他のステークホルダーと同様、企業に働きかけをすることができる。既に見たようにEU加盟国首脳はより多くより良い雇用とより強い社会的連帯を確保しながら持続的な経済発展を達成するためにCSRを呼びかけた。G8首脳も2003年のフランスのエビアン主要先進国首脳会合で、「成長の促進と責任ある市場経済の増進：G8宣言」をまとめ、「我々は企業の社会的及び環境面での責任を強化するための自主的努力を支持する」とCSRの推進を訴えた。

■ CSR環境の整備への支援

　マルチステークホルダー・フォーラム報告書が示したようにCSRへの取組みが促進されるような環境の整備も政府の役割として挙げることができる。中小企業へのCSRの普及を含め情報や事例を広めることや、場合によっては調査研究の実施も含めた、情報に関する役割はその一つだ。

　さらに踏み込んで制度的な整備、支援を行うべきとの考え方もある。公共調達基準にCSR基準を加えることや、CSRラベルの創設、さらには、SRI投資に対する税制上の優遇、公的年金のSRI運用、CSRに関する開示ガイドラインの設定などである。

　しかし、具体論に及べば政府によるCSR支援の是非は意見の分かれるところだ。ヨーロッパ産業はCSRを公共調達基準に含めることに対して強く反対した。調達基準が恣意性に流れる危険を察知してのことである。CSR調達が事実上の談合の隠れ蓑になる可能性さえあり得る。客観的な基準に基づき透明性をもって対象企業の選別をしなければならない。しかし、幅が広く複雑なCSRに客観的基準、指標を設定することが可能であるのか、そもそも指標や数値で企業のCSRへの取組み度合いを判断できるのか、答はまだない。SRIに対する支援についても、既に見たとおりSRIファンドが語る「社会的責任」の中身は多様であり、かつ調査の質も一様ではない。政策的に支援すべきSRIファンドはどのように選別すべきだろうか。また、CSRラベルについても同様だ。付与の条件には児童労働への対処も含めるべきだろうか、それとも法令遵守体制のある「誠実な」企業にはすべてCSRラベルを与えるべきだろうか。

■ CSRの中心を明確にする

　政府がCSR支援を行うためには、対象となるCSRを明確にしなければいけない。政府がなしえる最大の貢献はそこにあるのではないか。日本のCSRの中心的課題についての社会的合意を作るための行司役である。EUにおいて欧

州委員会が果たした機能だ。

　日本の社会が世代を超えて持続的に発展していく上で解決しなければいけない優先課題とその解決方法について、広く合意が存在すれば、必要な支援も自然に明らかになる。逆に、支援措置が先行することは、恣意性が市場を歪める危険のみならず、産業界が政府の支援を受けられるようなCSRに取り組む、という本末転倒が起こる懸念もある。CSRを形式にしないためにも広範囲のステークホルダーの参加を得た検討が必要であり、政府が議論を喚起していくことが期待される。

7.7 日本は何をなすべきか

■ヨーロッパ社会の変化を追体験する日本

　ブラッセルで最初にCSRを知った時、私はむしろ懐疑的だった。コンサルティング業界が次々に考え出す新用語の一つのようでもあったし、一部のSRI調査機関やNGOの独善的姿勢にも違和感を持った。社会正義を代表するかのように振る舞う姿は、市場競争に晒されている企業には脳天気に映るだけではないかとも思われた。

　そのような側面は今も残っている。しかし、ヨーロッパのCSRが社会的苦悩の中から生まれてきたことを知り、さらに、日欧の社会問題に共通点が多いことがわかるにつれ、当初の懐疑は消えていった。

　もちろん、ヨーロッパのCSRを鵜呑みにする必要はないし、そうすべきでもない。しかし、日本の社会がヨーロッパの社会の経験を後追いしているのであれば、我々がヨーロッパのCSRから学べることも多いのではないだろうか。

　ヨーロッパはイギリスを除けば雇用保障が強く労働市場の流動性が低い。社会は安定志向が強く古くからの生活習慣を守る保守性も強い。しかし、グローバルな競争にさらされた大企業は経営手法を転換、アメリカ企業的経営手法

を導入した。ある日本企業のヨーロッパ法人のトップは変化をこう形容した。「1980年代のヨーロッパ企業と今のヨーロッパ企業は同じ企業とは思えない。今日のヨーロッパ企業は驚くほど若く野心的で優秀な経営者に率いられている。」通貨統合によって大規模企業買収が容易になり、企業はアメリカ型の株価重視経営に一層傾いた。株主価値を十分に創造できない企業は存続さえ保証されないからだ。アメリカ的資本市場の原理がヨーロッパの伝統的社会に移植されたのだ。政府による様々な規制緩和も進められ、企業間の競争はさらに激化、人々の働き方は急速に多様化した。

バブル経済後の日本経済を端的に言い表せば「終身雇用」と「年功序列」に象徴される日本的経営の崩壊だろう。成果主義の導入、リストラの遂行などにより、雇用の不安定は一気に増大した。同時に会社の共同体性は大きく低下した。また、グローバル化と知識経済化という構造変化によって、少数の中核的な専門的労働者とそれ以外の労働者の二極化が発生している。さらに、外国企業による日本企業の大型買収も活発になり、会社そのものが市場で売買される商品となっている。政府の一連の規制緩和が変化を加速させている。

■ヨーロッパのCSRからヒントを得る

ヨーロッパでは一部の有能な若者が企業を渡り歩きながら高い報酬を得る一方で、勤労意欲を失った人々は年齢にかかわらず政府の保護に頼っている。このままでは手厚い社会保障を将来にわたって維持することは不可能だ。希望を失った若年層の一部が急進的右翼運動に吸収されるなど、反社会的行為に走ることも危惧されている。移民労働者の排斥運動も激しい。ビジネスエリートと一般労働者の格差、一般市民と海外から職を求めてやってきた移民労働者の反目は、社会の一体性に亀裂を入れつつある。

日本企業の人材の二重構造は若年層を中心とした労働者の教育訓練機会の喪失につながっている。女性・高齢者の就労抑制あるいは子育てコストの上昇などにつながっている可能性もある。図表7－17は日本の若年失業率の悪化を

示している。15歳から24歳の層の失業率は既に10%に達している。さらに、図表7－18によれば、30歳から34歳という職場で責任ある仕事を任される年代の無業者が急速に増大している。このような若年雇用の不安定化が晩婚化、非婚化と出産時期の遅れを招き、少子化の主因となっているとの指摘もある。社会とのかかわりを拒絶する引きこもりやニートも増えている。社会不安にまではつながっていないが、静かに社会は活力を失いつつある。

　日本のCSRは環境中心、ヨーロッパのCSRは社会中心、と線引きしてお仕舞いにできる状況にあるとは思えない。日本が持続的に発展していくための課題と解決方法をもう一度考える必要がある。

■視野を世界に拡げる

　日本は世界とのつながりなしにはたち行かない。日本が持続的に発展するためには、世界が持続的に発展することが必要だ。海外の環境、人権問題は、したがって、日本に直接かかわる問題である。しかし、グローバルに統一された環境、CSR基準を持つ日本企業は何社あるだろうか。海外の人権問題や環境問題など企業が無意識のうちに思考の枠の外に置いてきたことがらは少なくない。CSRは視野を世界に拡げる機会である。

　国内ではNGOとの対話を形だけでも行っておけばCSR報告書の材料になり、SRIファンドからも評価されるかもしれない。しかし、一歩海外に出ればNGOと衝突した時に会社が被る損害は桁外れだ。市民社会との関係を良好に保つことには会社の命運がかかっているといっても過言ではない。「優しい」ステークホルダーに囲まれて無防備でいられることは、結果的に日本企業を脆弱にしている。緊張感をもって海外のCSRに学ぶ必要がある。とりわけ途上国問題は日本企業のアキレス腱だ。経験の乏しい日本企業が途上国の様々な問題に対応することは容易でない。国際社会が合意した様々な文書や国際機関との協力は、日本企業にとって良い指針となる。CSRは広く世界に学ぶことでもある。

7.7 日本は何をなすべきか

図表7－17　日本の若年失業率の推移

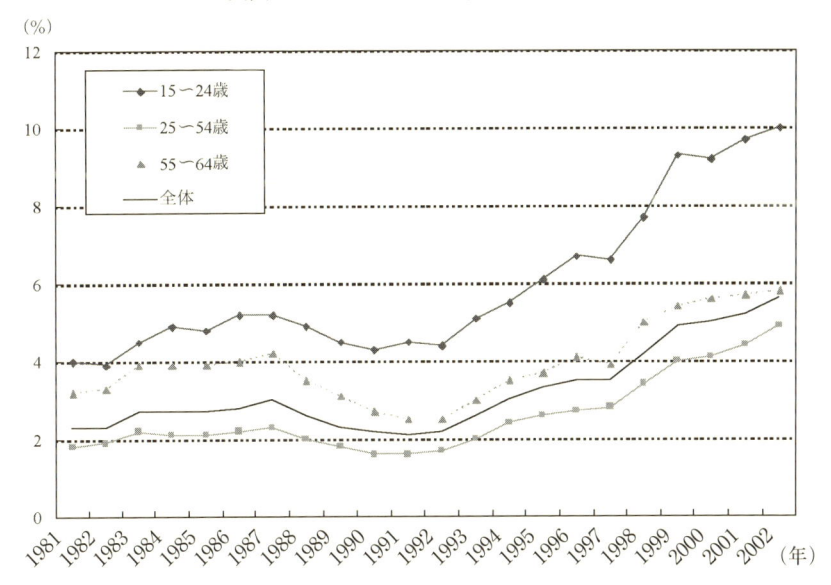

(出所)　経済産業省平成16年版通商白書

図表7－18　日本の若年無業者の増加の推移

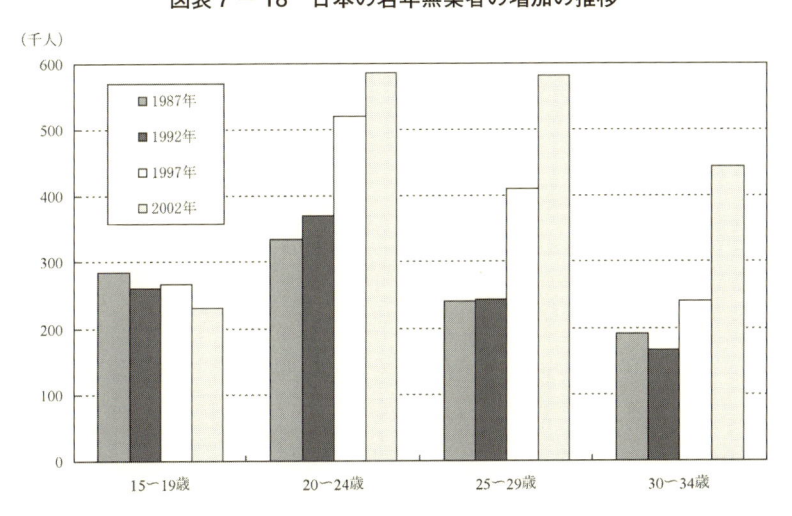

(備考)　ここでの無業者は、無業者数から「家事をしている者」と「通学している者」を除いている。
(出所)　経済産業省平成16年版通商白書

■環境問題を総点検する

　ヨーロッパは環境問題に包括的に取り組んでいる。企業の自主性に任せず徹底した規制によって環境問題に対処するのがヨーロッパ流だ。一つ一つの規制は理念先行で粗さが目立つ。しかし、気候変動、自然と生物多様性、環境と健康、天然資源と廃棄物の4つを優先分野とする方針の下、広範囲に政策が打ち出されている。

　日本企業の環境対策は多くの分野で賞賛すべき水準にある。政府規制に頼らずに産業界が自主的に環境問題に対処する姿はヨーロッパを驚かせている。しかし、問題も残されている。ハイブリッド車にしても鉛フリー半田にしても日本の環境対策の中心は製品技術だ。新しい環境技術で先行する陰には土壌汚染問題など必ずしも真剣に省みられていない問題が潜んでいる。海外工場の環境対策はさらに心許ない。環境に優しい新製品は企業イメージを向上させる。しかし、消費者の目に触れない、地味だけれども重要な環境問題は少なくない。そのような問題への対処にこそ会社の環境保護への真のコミットメントが現れる。CSRへの取組みを契機に日本が環境保護について更に前進するためには、環境問題を総点検し、足りないところを直視する必要がある。

■経営を再考する

　日本的経営に関するステレオタイプな理解を疑ってみるべきだ。日本的経営は従業員を大切にする長所を持っていると論ずる向きは多い。しかし、本当だろうか。右肩上がりの経済成長に助けられて社員を解雇しなければならない状況に直面しなかっただけではないだろうか。女性従業員や派遣社員の処遇に「日本的経営」の美徳は見いだせるだろうか。ヨーロッパやアメリカの経営は従業員を大切にしないのだろうか。多くの優秀な若者が日本企業よりも外資系企業での勤務を望んでいる。

　検証されない前提は経営者の目を曇らせる。CSRを通じてもう一度経営を

考え、ステークホルダーを大切にする経営を構築し、企業活動そのものが社会の持続的発展につながる仕組みをつくらなくてはならない。新しい角度から仕事のやり方に光を当てることで競争力強化に向けた様々なヒントが浮かび上がってくる。

日本企業もヨーロッパ企業も大胆なリストラで息を吹き返しつつある。しかし長期的な企業価値の向上に必要な人的資本の蓄積が阻害されている可能性はないだろうか。株主至上主義へ早急に移行しようとしたあまり、収益に直結しない部門へのリソースを過度に切り詰めている例も少なくない。CSRは長期的投資である。

CSRの実践の基礎は会社の価値観にほかならない。自分の仕事に社会的意義を感じている社員、会社の存在に社会的価値を見いだしている社員は組織の活力向上の大きな財産だ。CSRを通じて組織を再活性化することができる。社会の持続的発展と企業の長期的競争力強化を有機的に結びつけるための経営を再考しなければならない。

7.8 「日本のCSR」

■持続可能ではない日本の発展

日本の持続的発展の条件はなんだろう。今日までの日本の発展をもたらしたものは国民一人一人の努力にほかならない。資源に乏しく人的資本以外にとりたてて成長の糧がない日本の状況は何も変わっていない。将来にわたって持続的に発展していくためには、やはり国民一人一人が能力を発揮していくほかに途はない。

環境が持続的発展の大きな課題となったのは、経済成長が環境に負荷を与えてきたからだ。国民の成長にむけた意思と努力がもたらした副作用であった。一所懸命に働いた結果公害が起こり、結果的に生活環境をかえって悪化してし

まった。教訓を活かし日本は多くの環境問題を解決してきた。その実績は世界に誇ることができる。

　しかし、経済成長が負荷をかけてきたのは環境だけではない。実は経済成長の陰で日本の人的資本は疲弊し活力を失ってきた。成長が続いた間、いつかは報われると信じた男性社員の献身的努力の上に会社はあぐらをかいてきたのではないだろうか。結果として日本の会社の多くは全ての社員を公正に扱い、動機付けし、使命感を与える経験を積まなかった。

　経済が低迷してもしばらくは過去の経験が作り出した共同幻想が企業を支えた。しかしもはや会社の命ずるままに頑張っても報われることはないのではないかという疑念が広まった時から、日本は立ち止まろうとしている。

　教育の荒廃も大きな問題になっている。教育の充実がない国に持続的発展が不可能なことはアフリカの停滞とアジアの成長からも明らかだ。日本の教育の現状は一部には終身雇用の対価として父親達に要求された会社への献身の結果でもあるかもしれない。

　日本は人的資本を傷つけながら発展してきたのではないだろうか。人的資本に十分な再投資をしないまま全力で走ってきたが、ここにきて息切れしつつあるように見える。

■人を育てるCSR

　私は日本の持続的発展に対する最大の脅威は人への投資の不足であり、日本のCSRの中心課題ではないかと考えている。高い失業率は主にマクロ経済政策が責任を負うべき問題だ。企業の社会的責任で短期的に失業率を下げることはできない。しかし、人を育てることは企業にこそできる。

　今の社員はいつか会社を離れて別の会社に移るかもしれない。しかし、それでも社員に投資し教育することは社会から人材を預かる企業の「社会的責任」である。一人一人の国民が自分の能力を活かしやりがいを感じて仕事をすることは持続的発展のための絶対に必要な条件である。それは全ての企業が社会的

責任として敬意をもって全ての社員を公正に扱い、教育訓練を施し、仕事を通じて成長する機会を与えることによってのみ達成される。

　また、日本の人的資本の大半は中小企業にある。大企業は取引先の企業や下請企業とも人を育てることについて話し合い、共同で人材育成に取り組むことができるだろう。少子高齢化が急速に進む中、日本の持続的発展には海外からの労働者受け入れが不可避である。海外から受け入れた労働者にも能力を発揮してもらわなければならない。公正な姿勢で海外から来た労働者を処遇することも日本のCSR上の重要項目であろう。

　教育の問題も重要だ。社員が子供の教育に時間を割けるよう配慮することなど企業ができることは少なくない。ニートやフリーターの問題を解決していくために社員教育も同様に重要だ。未熟練の失業者が職業的に自立するためには会社に迎え入れるのみならず社内での教育に十分な投資をする必要がある。

　環境問題に対する危機感と同じ危機感を人的資本問題に持つ必要がある。そうすれば日本企業が誇る実行力、目標達成のために組織全体を高度に調整し練り上げられた計画を一歩一歩実行する能力を活かすことができるはずだ。必然的に業務に統合され、そして法律の求めを超えたものになる。グローバルに展開すれば世界的な持続可能な発展の実現に貢献できるだろう。世界に誇れる理念に成長していく可能性も秘めている。

　「社会的に責任ある人的資本政策、Socially Responsible Human Resource Policy」を中核に据えれば日本の持続的発展と日本企業の競争力向上に貢献する「日本のCSR」の輪郭がおぼろげにでも見えてくる。「日本のCSR」とは「人を育てるCSR」ではないだろうか。

参考文献

宅間克著 「レゾンデートル経営戦略」 地湧社 2004年
森哲郎著 「ISO社会的責任(SR)規格はこうなる」日科技連出版社 2004年
足達英一郎、金井司著「CSR経営とSRI」金融財政事情研究会 2004年
経済産業省編 「平成16年版通商白書」2004年
内閣府国民生活局編 「2001年市民活動レポート」2001年
日立総合計画研究所著 「海外現地生産時代における企業の社会的責任」日立総合計画研究所 1988年
朝日新聞文化財団「企業の社会的貢献度調査」委員会編 「有力企業の社会貢献度」朝日新聞文化財団 2003年
三宅隆之著「社会的使命のマーケティング」中央経済社 2003年
(財)アジア・太平洋人権情報センター編「企業の社会的責任と人権」現代人文社 2004年
高巌、辻義信、Scott T. Daves、瀬尾隆史、久保田政一著「企業の社会的責任」日本規格協会 2003年
谷本寛治、田尾雅夫編著「NPOと事業」ミネルヴァ書房 2002年
小倉和夫著「グローバリズムへの叛逆」中央公論社 2004年
片平秀貴著「パワーブランドの本質」ダイヤモンド社 1999年
畑中鐵丸著「アメリカ式戦略的コンプライアンス経営」弘文堂 2000年
清水克彦著「社会的責任マネジメント」共立出版 2004年
水尾順一、田中宏司編著「CSRマネジメント」生産性出版 2004年
環境省編「社会的責任投資に関する日米欧3ヶ国比較調査報告書」2003年
内閣府国民生活局「平成16年度国民生活モニター調査結果」2005年
経済産業省「企業の社会的責任に関する懇談会中間報告」2004年
丹下博文著「企業経営の社会性研究」中央経済社 2000年
日本規格協会編「CSR企業の社会的責任 事例による企業活動最前線」日本

参考文献

規格協会　2004 年

日本弁護士連合会「自由と正義 Vol.56」日本弁護士連合会　2005 年

Arvind Panagariya「The Miracles of Globalization」FOREIGN AFFAIRS、September/October 2004

小倉榮一郎著「近江商人の経営管理」中央経済社　1990 年

日本総合研究所「企業の社会的責任と新たな資金の流れに関する調査研究」2004 年

経済同友会著「第 15 回企業白書「市場の進化」と社会的責任経営」2003 年

秋山おね著「社会的責任投資とは何か」生産性出版　2003 年

松井宏興、松岡正章、長渕満男、河田潤一、林満男、布上康夫著「「企業・経営の社会的責任」に関する学際的研究」甲南大学総合研究所　2003 年

矢野昌彦、浅井太郎、佐野真一郎、亀谷剛、松田理恵著「経営に活かす環境戦略の進め方」オーム社　2004 年

谷本寛治編著「SRI 社会的責任投資入門」日本経済新聞社　2003 年

矢野友三郎著「ISO を理解するための 50 の原則」日科技連出版社　2000 年

矢野友三郎著「世界標準 ISO マネジメント」日科技連出版社　1998 年

週刊東洋経済臨時増刊「環境・CSR 経営」東洋経済新報社　2004 年

秋山おね、菱山隆二著「社会的責任投資の基礎知識　誠実な企業こそ成長する」岩波書店　2004 年

谷本寛治編著「CSR 経営　企業の社会的責任とステイクホルダー」中央経済社　2004 年

日本経済団体連合会「企業行動憲章実行の手引き(第 4 版)」日本経済団体連合会　2004 年

「CSR(企業の社会的責任)はどのように報告されているか」宝印刷、新日本監査法人、新日本インテグリティアシュアランス 2004 年

今田忠、林雄二郎著「改訂フィランソロピーの思想」日本経済評論社　2000 年

高橋陽子編著「フィランソロピー入門」社団法人日本フィランソロピー協会

1997 年

CSR Europe, The Copenhagen Center, IBLF "It simply works better 2003-2004 Campaign Report on European CSR Excellence" 2004

European Environment Bureau "Annual Report 2003 and Plans for 2004" 2004

シーメンス社 "Corporate Responsibility Report 2003" 2004

Global Reporting Initiative「BOUNDARY PROTOCOL」2005

ナイキ社 "Corporate Responsibility Report 2004"

経済産業省　企業の社会的責任(CSR)に関する懇談会中間報告案、配付資料 2004 年

勝又嘉良、岸真清著「NGO、NPO と社会開発」同文館出版　2004 年

南村博二著「企業経営学　社会的責任投資(SRI)時代の経営学」学文社　2003 年

K. ヨース、F. ヴォルデンベルガー「EU におけるロビー活動」日本経済評論社 2005 年

● さくいん

【あ行】
REACH（新化学物質規制） 114、123-130
RoHS 指令 116-118、122、163
ISO（International Organization for Standardization、国際標準化機構） 17、74、196-198
ISO14001 17、18、196
ISO 規格 11、17、197、198
ISO9000 139、196、197
ISO 諮問グループ 174
ISO26000 76
IFRS（International Financial Reporting Standards） 99
ILO（International Labour Organization、国際労働機関） 52、188
　　――多国籍企業及び社会政策に関する原則の三者宣言 52
　　――労働の基本原則と権利の宣言 53
IBM 159
IPP（Integrated Product Policy、統合製品政策） 115、143
　　――に関する報告書 115
アジェンダ21 53
アドボカシィ（advocacy） 178、179、181、182
アパルトヘイト（人種隔離政策） 90
アムネスティ・インターナショナル 183
アメリカ商工会議所（AmCham EU） 166
EICTA
　（European Industry Association Information Systems, Communication Technologies and Consumer Electronics） 121、166
EEB（European Environment Bureau） 69-72
EC（European Community） 77
ETUC（欧州労働組合連盟） 72
遺伝子組換食品規制 107
EU（European Union、欧州連合） 1、11、12、91、107-110、113-116、124、157、166、200、203
　　――加盟国 12
　　――基本権憲章 53
　　――持続可能な発展戦略 53
AeA 61
AmCham EU（アメリカ商工会議所） 166
英国商工会議所（CBI） 166
SRI（Socially Responsible Investment、社会的責任投資） 11、146、185-196、203
　　――ファンド 57、185-187、189-196、203、206
SUV 批判 157
NGO 11、54、61、68-73、76、78、88、90-92、108、110、145、165、178、179、181-184、204、206
NCP（ナショナル・コンタクトポイント） 95、97
エビアン主要先進国首脳会合 202
FTSE4Good 159、188
エリート主導 62
LCA（ライフ・サイクル・アセスメント） 162

さくいん

OECD　29、71、95、96
　──多国籍企業ガイドライン（──ガイドライン）　52、66、95、96
欧州委員会（European Commission）　11、12、61、71、109-112、143、200
欧州化学工業会（CEFIC）　128
欧州議会　61、66、71、109-112
欧州共同体（EC）　77
欧州産業連盟（UNICE）　19、67
欧州自動車工業会　156
欧州司法裁判所　109、121
欧州情報通信技術工業会（EICTA）　166
欧州人民党（EPP、European People's Party）　108
欧州人民党（クリスチャン・デモクラット）　79
欧州ダイレクト・インターアクティブマーケティング産業連盟（FEDMA）　166
欧州社会憲章　53
欧州人権擁護及び基本的原則に関する条約　53
欧州連合（EU）　1、11、12、91、107-116
欧州労働組合連盟（The European Trade Union Confederation（ETUC））　72
オーフス条約　53
近江商人　153

【か行】
化学物質管理　107
拡大製造者責任（expanded producer responsibility）　181
カンガルー・バー　156
環境保護　48、208
韓国自動車工業会　156
官僚独裁　107
閣僚理事会（Council of the EU）　109-112、
危険物質使用制限　107
技術管理評議会（TMB）　76
グッチ　65
クリーン・クローズ・キャンペーン　145
グリーン調達　163
グリーンピース　85
グリーンペーパー　63
クリスチャン・デモクラット（欧州人民党）　79
グローバリゼーション　93、152
グローバル化　84、89、150、155、173、174
グローバル経営　150、156
グローバル・コンパクト　52、93、94
グローバルサプライチェーン　90
経済的、社会的、文化的権利に関する国際規約　53
ケーブル・アンド・ワイヤレス　171
拘束的企業ルール（BCR, Binding Corporate Rules）　29、165、166
高齢化　172
コーポレートブランド　146-148、150、167
国際財務報告基準（IFRS）　99

国際商工会議所(ICC) 166
国際通信円卓会議(ICRT) 166
国連グローバル・コンパクト 52、93、94
国連消費者保護ガイドライン 53
国連人権宣言 53
コミュニケーション 19、63、143
コミュニティ支援活動 179
コモンポジション 111、112
コンサベーション・インターナショナル 147

【さ行】
在欧日系ビジネス協議会(JBCE) 3、166
再利用 164
サステナビリティ社 171、172
サステナビリティ報告書 15、48
サプライチェーン 34、54-57、66、89、90、98、159、160、162-164、173、174、201
　──・マネジメント 159、161、163
　──リスク 159
　農業── 160
サプライヤー 35、65、86、160、161
GRI (Global Reporting Initiative) 99、101、102
　──プロトコル 99
CEFIC (欧州化学工業会) 128
CECED (European Committee of Domestic Equipment Manufacturers) 121
CAC (社会起業家研究ネットワーク) 171
G8 92、202
CSR (Corporate Social Responsibility) 1、2、11-13、15-28、30-32、37、39-59、61-70、73-76、78、79、81、83-85、87-92、97、103、107、130、131、133、134、136-150、152-160、163、165、167、169、171-178、181、184、185、187、189、190-192、194、196-206、208-211
　──高等諮問委員会 76
　──報告書 15、144
　業務統合型── 50
CO_2排出量 153
COPOLCO (消費者政策委員会) 76
CBI (英国商工会議所) 166
シーメンス社 52、137、138
JBCE (Japan Business Council in Europe、在欧日系ビジネス協議会) 3、11、117、121、166
児童虐待 172
市民的権利及び政治的権利に関する国際規約 53
社会起業家研究ネットワーク(CAC) 171
社会貢献 49
若年失業率 205、207
終身雇用 136
省エネルギー法 153、154
消費者政策委員会(COPOLCO) 76
女性差別問題 140
新化学物質規制(REACH) 114、123-130

219

さくいん

人種隔離政策（アパルトヘイト） 90
スターバックス社 91
ステークホルダー　17、19、50、53-57、63、64、66、76、78、87、91、97、116、134、135、155、160-163、171、177、181、183、185、188、192-194、201、202、204、206、209
　　──経営　11、32、182
成果主義　205
政策文書（コミュニケーション）　19、63、143
世界本社　156、167
セクシャルハラスメント　155
総局　74、110-112、121
　環境──　74、121、143
　企業──　74
ソーシャル・プラットフォーム（The Platform of European Social NGOs（Social Platform））　72、73

【た行】
タスマニア原生林　85
WEEE指令　71、116-119、121、122
WTO（World Trade Organization、世界貿易機関）　31
　　──協定　113、114
地球温暖化　154
TMB（技術管理評議会）　76
デル　159
統合製品政策（IPP）　115
トップランナー方式　154
ドメスティック・バイオレンス　172
トリプルボトムライン　15、17

【な行】
ナイキ社　140、161
ナショナル・コンタクトポイント（NCP）　95、97
鉛フリー　153、208
ニート　84、172、173、206
日本自動車工業会　156
年功序列　205

【は行】
廃棄物（Historical Waste）　121
排除選択（Negative Screening）　187、189
ハイブリッド（自動）車　153、208
バウンダリー（boundary、境界）　98-102
派遣社員　208
バリューチェーン　98
BCR（Binding Corporate Rules）　165
PBDE（polybrominated diphenyl ethers）　123
PBB（polybrominated biphenyls）　123
PPRグループ　65

非政治化（depoliticize） 62
評価選択（Positive Screening） 187
フィランソロピー 42、43、45、47、48、51、176
ブラッセル 1、11、12、61、107、154、200、211
プランタン 65
フリーター 172、173
フロンガス 149
ベストプラックティス 201
法案提出権（right of initiative） 110
法令遵守 49、187
ポリマー 128-130

【ま行】
マーストリヒト条約 107
マテリアルリサイクル 164
マルチステークホルダー・フォーラム（Multistakeholder Forum on CSR） 12、15、21、39-41、43、46、63、67、73、91、159
　　──最終報告書 51
　　──報告書 42、51、53、56、63、65、67、88、98、134、141、142、145、203
ミャンマー軍事政権 90
モノマー 129、130

【や行】
有害物質対策 154
UNICE（欧州産業連盟） 19、67
「要塞ヨーロッパ」説 77
ヨーロピアン・マルチステークホルダー・フォーラム（European Multistakeholder Forum on CSR） 12
ヨハネスブルグ・サミット 92、93、174
ヨハネスブルグ宣言 53、92、93
予防原則（Precautionary Principle） 113

【ら行】
ライフサイクル・シンキング（Life-Cycle Thinking） 116
リオ会議 174
リオ宣言 53、92
リコール隠し 141
リサイクル率 120
リスク管理 11、114、133、146
リスク評価 114、126、127
リストラ 134、136、137、205
リスボン・EUサミット 21、63
リターナブルビン 181、182
リヨンサミット 22
ロビイスト 1、12、108

【著者紹介】

藤井敏彦（ふじい　としひこ）

1964年生まれ、横浜市育ち。
1987年通商産業省（現経済産業省）入省。
1994年アメリカ・ワシントン大学MBA取得。
　G7サミット、OECD、防衛装備に関する対米交渉等の通商国際政策、産業再生法起草、緊急経済対策立案等の国内政策に携わった後、2000年より2004年までベルギー・ブラッセルの在欧日系ビジネス協議会の事務局長及び日本機械輸出組合ブラッセル事務所次長を務め、対EUロビイストとして活動。EUの環境規制、CSR等につき講演、寄稿多数。主著に『グローバルCSR調達―サプライチェーンマネジメントと企業の社会的責任』、日科技連出版社、2006年（共編著）、『アジアのCSRと日本のCSR―持続可能な成長のために何をすべきか』、日科技連出版社、2008年（共著）。
現在、経済産業省勤務、独立行政法人経済産業研究所コンサルティングフェロー兼務。
weeeros@hotmail.com

ヨーロッパのCSRと日本のCSR
──何が違い、何を学ぶのか。

2005年 9月25日 第 1 刷発行
2021年10月 8 日 第11刷発行

著　者　　藤井敏彦
発行人　　戸羽　節文
発行所　　株式会社日科技連出版社
　　　　　〒151-0051 東京都渋谷区千駄ヶ谷 5-15-5
　　　　　　　　　　DSビル
　　　　　電話　出版 03-5379-1244　営業 03-5379-1238
　　　　　URL　http://www.juse-p.co.jp/

印刷・製本　　河北印刷株式会社

© Toshihiko Fujii 2005
Printed in Japan
本書の全部または一部を無断でコピー、スキャン、デジタル化などの複製をすることは著作権法上での例外を除き禁じられています。
本書を代行業者等の第三者に依頼してスキャンやデジタル化することは、たとえ個人や家庭内での利用でも著作権法違反です。
ISBN978-4-8171-9160-1　C3034